खेलों में भारत के स्वर्णिम पल

खेलों में भारत के स्वर्णिम पल

डॉ. कनिष्क पाण्डेय

राधाकृष्ण प्रकाशन

ISBN : 978-81-953085-5-2

खेलों में भारत के स्वर्णिम पल (खेल)

पहला संस्करण : 2021

मूल्य : ₹395

प्रकाशक
राधाकृष्ण प्रकाशन प्राइवेट लिमिटेड
जी-17, जगतपुरी, दिल्ली-110 051
शाखाएँ : अशोक राजपथ, साइंस कॉलेज के सामने, पटना-800 006
पहली मंज़िल, दरबारी बिल्डिंग, महात्मा गांधी मार्ग, प्रयागराज-211 001
36 ए, शेक्सपियर सरणी, कोलकाता-700 017
वेबसाइट : www.radhakrishnaprakashan.com
ई-मेल : info@radhakrishnaprakashan.com

मुद्रक : बी.के. ऑफसेट
नवीन शाहदरा, दिल्ली-110 032

KHELON MEIN BHARAT KE SWARNIM PAL

by Dr. Kanishk Pandey

खेलों में भारत के स्वर्णिम पल

डॉ. कनिष्क पाण्डेय

राधाकृष्ण प्रकाशन

ISBN : 978-81-953085-5-2

खेलों में भारत के स्वर्णिम पल (खेल)

पहला संस्करण : 2021

मूल्य : ₹395

प्रकाशक

राधाकृष्ण प्रकाशन प्राइवेट लिमिटेड

जी-17, जगतपुरी, दिल्ली-110 051

शाखाएँ : अशोक राजपथ, साइंस कॉलेज के सामने, पटना-800 006

पहली मंज़िल, दरबारी बिल्डिंग, महात्मा गांधी मार्ग, प्रयागराज-211 001

36 ए, शेक्सपियर सरणी, कोलकाता-700 017

वेबसाइट : www.radhakrishnaprakashan.com

ई-मेल : info@radhakrishnaprakashan.com

मुद्रक : बी.के. ऑफसेट

नवीन शाहदरा, दिल्ली-110 032

KHELON MEIN BHARAT KE SWARNIM PAL

by Dr. Kanishk Pandey

खेलों में भारत के स्वर्णिम पल

डॉ. कनिष्क पाण्डेय

राधाकृष्ण प्रकाशन

ISBN : 978-81-953085-5-2

खेलों में भारत के स्वर्णिम पल (खेल)

पहला संस्करण : 2021

मूल्य : ₹395

प्रकाशक

राधाकृष्ण प्रकाशन प्राइवेट लिमिटेड

जी-17, जगतपुरी, दिल्ली-110 051

शाखाएँ : अशोक राजपथ, साइंस कॉलेज के सामने, पटना-800 006

पहली मंज़िल, दरबारी बिल्डिंग, महात्मा गांधी मार्ग, प्रयागराज-211 001

36 ए, शेक्सपियर सरणी, कोलकाता-700 017

वेबसाइट : www.radhakrishnaprakashan.com

ई-मेल : info@radhakrishnaprakashan.com

मुद्रक : बी.के. ऑफसेट

नवीन शाहदरा, दिल्ली-110 032

KHELON MEIN BHARAT KE SWARNIM PAL

by Dr. Kanishk Pandey

भूमिका

भारत में खेलों का इतिहास स्वतंत्रता के पहले से ही शुरू हो जाता है। मसलन हॉकी में भारतीय हॉकी खिलाड़ियों ने 1928 में एम्सटरडैम में ही गोल्ड हासिल कर लिया था। लेकिन देश की वास्तविक ऊर्जा स्वतंत्रता के बाद ही सामने आई। इसकी शुरुआत भी भारतीय हॉकी टीम के शानदार प्रदर्शन से हुई। 1948 में आजादी के ठीक कुछ समय बाद भारत के खिलाड़यों ने फाइनल में ब्रिटेन की टीम से मुकाबला किया, और उसे हराकर स्वर्ण पदक प्राप्त किया।

स्वतंत्रता के बाद भारतीय खेलों में विविधता आनी शुरू हुई। नए-नए खेलों में, उत्साही खिलाड़ियों ने कई बार अत्यल्प साधनों के बावजूद अन्तरराष्ट्रीय स्तर का प्रदर्शन किया। हॉकी, कुश्ती और कबड्डी जैसे विशुद्ध भारतीय खेलों के अलावा टेनिस, तैराकी, बैडमिंटन, फुटबॉल तथा अभिजात श्रेणी के माने जानेवाले खेलों, मसलन, गोल्फ, बिलियड्र्स, शतरंज आदि में हमने महत्त्वपूर्ण उपलब्धियाँ हासिल कीं।

विश्व स्तर पर सब खेलों से ज्यादा देखे जानेवाले क्रिकेट में भी भारत ने अपनी विशिष्ट मौजूदगी दर्ज कराने में बहुत देरी नहीं की। 25 जून, 1983 को लॉर्ड्स के मैदान में कपिल देव की कप्तानी में खेला गया वह मैच विश्व क्रिकेट के पन्नों पर स्वर्णिम अक्षरों में अंकित है जिसमें भारतीय टीम ने मात्र 183 रनों पर पहले खेलकर वेस्ट इंडीज जैसी शक्तिशाली टीम को अपनी गेंदबाजी और फील्डिंग के दम पर पराजित किया और विश्व कप जीता। क्रिकेट में भारत ने न सिर्फ अच्छे प्रदर्शन के नमूने दुनिया के सामने रखे बल्कि गावस्कर, कपिल देव और सचिन तेन्दुलकर जैसे विश्वस्तरीय खिलाड़ी भी दिए।

आजादी बाद के भारतीय खेल परिदृश्य में, महिलाओं की हिस्सेदारी विशेष रूप से उल्लेखनीय हैं। 1982 के एशियाई खेलों में केरल की पी.टी.

उषा वह पहला नाम है, जो भारत और दुनिया के खेल-क्षितिज पर उभरकर आया। अन्य देशों की सुविधासम्पन्न खिलाड़ियों के बीच उन्होंने 100 और 200 मीटर की दौड़ प्रतियोगिताओं में कांस्य पदक जीता और फिर 1986 के एशियाई खेलों में उन्होंने देश की वे तमाम उम्मीदें पूरी कीं जो खेल प्रेमियों ने उनसे लगाई थीं। उन्हें दुनिया की सर्वश्रेष्ठ एथलीट की ट्रॉफी से सम्मानित किया गया।

आजाद भारत में हर क्षेत्र में धीरे-धीरे अपना रास्ता तलाशती स्त्री-शक्ति के लिए यह जैसे एक नए दरवाजे का खुलना था। एथलेटिक्स में खिलाड़ी को अकेले ही मैदान में उतरना होता है; जो भारतीय पारिवारिक संस्कारों में पली-बढ़ी महिलाओं के लिए अपेक्षाकृत एक चुनौती जैसा है। पी.टी. उषा के बाद अनेक युवतियों की हिम्मत बँधी और आज हमारे पास भारोत्तोलन जैसे खेलों में भी उत्कृष्ट महिला-खिलाड़ी हैं। लम्बी कूद, मुक्केबाजी, निशानेबाजी, तीरंदाजी, कुश्ती, स्क्वॉश और टेनिस में आज हमारे पास कई विश्व-स्तरीय महिला खिलाड़ी हैं।

इस पुस्तक में भारतीय खेल इतिहास के ऐसे क्षणों की जानकारी दी गई है जब हमारे खिलाड़ियों ने अपने-अपने क्षेत्रों में तमाम व्यावहारिक बाधाओं के बावजूद उत्कृष्ट प्रदर्शन किया। यह तथ्य है कि आज भी हम अपने प्रतिभावान खिलाड़ियों को वे सुविधाएँ प्रदान नहीं कर पाते जो दुनिया के अन्य देश अपने खिलाड़ियों को मुहैया कराते हैं। कुछ खेलों को छोड़कर ज्यादातर खिलाड़ी अपने व्यक्तिगत प्रयासों से ही सामने आते हैं; और कई बार काफी आगे जाने पर भी उन्हें वे सुविधाएँ नहीं मिल पातीं जो उन्हें मिलनी चाहिए। हॉकी जैसा खेल जिसमें भारतीय खिलाड़ियों को हमेशा से महारत हासिल है, समुचित प्रोत्साहन के अभाव में हाशिए पर चला गया है। एथलीटों का संघर्ष तो और ज्यादा मुश्किल होता है, बावजूद इसके खिलाड़ी आगे आते हैं, और देश का सिर वैश्विक मंचों पर ऊँचा करते हैं। यह किताब उन्हीं सबके पवित्र उद्यम को समर्पित है।

—कनिष्क पाण्डेय

क्रम

स्वतंत्र भारत का पहला हॉकी ओलम्पिक स्वर्ण पदक

बलबीर सिंह ने 1948 के ओलम्पिक खेलों के दौरान मेजबान ग्रेट ब्रिटेन के खिलाफ फाइनल में भारत के चार गोल में से दो गोल दागे। उनके इन गोल की बदौलत स्वतंत्र भारत ने अपना पहला ओलम्पिक स्वर्ण पदक जीता।

यह स्वर्ण पदक एक ऐसे समय प्राप्त हुआ जबकि भारत के कई खिलाड़ी बँटवारे की वजह से दो मुल्कों (भारत-पाकिस्तान) में जाकर बस गये थे और स्वतंत्र भारत में खिलाड़ी डेब्यू कर रहे थे। हिन्दुस्तान की टीम रेलवे के लिए खेलनेवाले किशन लाल की कप्तानी में बनाई गई तथा इस टीम की उपकप्तानी केडी सिंह (बाबू) को दी गई। टीम में इनके अलावा लेसली क्लॉडियस और पंजाब से बलबीर सिंह सीनियर जैसे खिलाड़ी, जिनको कि पूर्व ओलम्पिक खेलने का गौरव प्राप्त था, को टीम में शामिल किया गया। टीम का मैनेजर

ए.सी. चटर्जी को बनाया गया। भारत की इस टीम का स्वर्ण पदक जीतने के सपने को साकार करना किसी चुनौती से कम नहीं था और वह भी तब जब इस टीम में अनुभवी खिलाड़ियों की कमी रही हो। लेकिन कहते हैं, फौलादी हौसले हों तो किसी लक्ष्य को हासिल करना एक आसान काम हो जाता है।

1928 (एमस्टरडैम), 1932 (लॉस एंजल्स) और 1936 (बर्लिन) ओलम्पिक में पहले ही हॉकी में गोल्ड जीत चुके भारत के लिए 1948 में लंदन में हो रहा ओलम्पिक इसलिए भी खास मायने रखता था क्योंकि इस बार भारत आजाद होने के तुरन्त बात अपने देश के झंडे के साथ मैदान में उतर रहा था। लंदन में इंडिया का पहला मैच ऑस्ट्रेलिया के साथ था। पहले ही मैच में इंडिया को 8-0 से सफलता मिली। बलबीर सिंह सीनियर ने अकेले 6 गोल दागे थे। इसी मैच से मिले कॉन्फिडेंस से टीम ने अगले मैच में अर्जेंटीना को 9-1 से पस्त किया। क्वार्टरफाइनल में फिर स्पेन को 2-0 से शिकस्त दी। सेमीफाइनल में हॉलैंड को 2-1 से हराकर टीम फाइनल में पहुँच गई। फाइनल में मुकाबला उसी देश की टीम से था जो हम पर लगभग 200 वर्ष राज कर चुका था और मुकाबला जीतकर भारतीय टीम के लिए एक बदला चुकाने जैसा मौका था।

आपको यह जानकर हैरानी होगी कि भारत के कई खिलाड़ी नंगे पाँव इस मैदान पर खेले और मैदान पर घास होने की वजह से कई बार भारतीय खिलाड़ी फिसल जाते थे और गिर पड़ते थे। लेकिन अपने मन में लिए लक्ष्य को कभी भी अपने बुलन्द हौसले से डिगने नहीं दिया। पहले दो गोल बलबीर सिंह ने दाग दिए और इस बढ़त को आगे बढ़ाते हुए भारतीय टीम के दूसरे खिलाड़ी जैनसन पैट्रिक और तरलोचन सिंह ने एक-एक गोल दागे और भारत ने अपने अन्तरराष्ट्रीय खेल में स्वर्ण पदक जीतकर अपना परचम लहराया। हालाँकि यह भारत का चौथा ओलम्पिक गोल्ड था, मगर इनमें से 3 गोल्ड मेडल भारत ने आजादी पूर्व जीते थे। यह जीत का क्षण स्वतंत्र भारत के खेल इतिहास के पन्नों में स्वर्णिम अक्षरों में दर्ज है।

इस जीत के लिए इन भारतीय टीम के सदस्यों को फ्रांस चैकोस्लोवाकिया और स्विट्जरलैंड में 15 दिन के टूर पर भेजा गया और लौटने पर उनका भव्य स्वागत किया गया। स्वागत समापन के रूप में नेशनल स्टेडियम में एक प्रदर्शनी मैच का आयोजन किया गया जिसे देखने उस समय के तत्कालीन राष्ट्रपति डॉ. राजेन्द्र प्रसाद तथा प्रधानमंत्री जवाहरलाल नेहरू भी पहुँचे थे।

ग्रीष्मकालीन ओलम्पिक में कुश्ती में पहला कांस्य पदक

फिनलैंड में 1952 ग्रीष्मकालीन ओलम्पिक में खाशाबा दादा साहेब जाधव ने पहलवानों के लिए आयोजित प्रतियोगिता में कांस्य पदक जीतकर अपना नाम भारत के स्वर्णिम इतिहास में दर्ज कराया। यह क्षण भारत के लिए शानदार क्षणों में से एक था।

अपने पिता दादासाहेब से प्रेरित होकर कुश्ती में आये खाशाबा दादा साहेब जाधव (के.डी. जाधव) कुश्ती खेल के इतिहास में एक खास नाम के तौर पर अंकित हैं। आजादी मिलने के पश्चात् प्रथम ओलम्पिक खेल में, जिसका आयोजन 1948 में लंदन में किया गया था, उन्होंने भारत की तरफ से प्रतिनिधित्व किया। हालाँकि इसमें इन्हें कोई भी पदक प्राप्त नहीं हुआ लेकिन

इस छोटे से कद के बड़े पहलवान के.डी. जाधव को उनकी तकनीक और प्रतिभा के लिए पूरे विश्व में ख्याति मिली। इस हार के बाद उन्होंने पदक जीतने की ठान ली थी और कड़ी मेहनत कर अगले 4 साल में अपने को किसी भी कड़ी चुनौती के लिए तैयार कर लिया था। उनकी आर्थिक स्थिति कमजोर थी, लेकिन उन्होंने इस कमजोरी को अपने लक्ष्य प्राप्ति में बाधा नहीं बनने दिया।

राज्य सरकार और उनके परिचितों से मिली आर्थिक मदद से भी जब ओलम्पिक में पहुँचना सम्भव नहीं हुआ तो उन्होंने लोगों से पैसे माँगकर हेलसिंकी ओलम्पिक में भाग लिया और एक ऐसा कीर्तिमान स्थापित किया जो पहले किसी भारतीय ने नहीं किया था। के.डी. जाधव ने हेलसिंकी ओलम्पिक में कुश्ती में 52 किलोग्राम वर्ग में भारत को कांस्य पदक दिलवाया।

उनका उल्लेख भारत के ओलम्पिक विजेताओं में सबसे पहले किया जाता है क्योंकि कुश्ती में ऐसा कारनामा करनेवाले वो पहले भारतीय थे। आप यह जानकर हैरान होंगे कि इस पदक के बाद भारत को लगभग अगले 44 वर्षों तक किसी भी खेल में व्यक्तिगत श्रेणी में पदक पाने के लिए इन्तजार करना पड़ा। भारत को व्यक्तिगत श्रेणी में अपना दूसरा पदक 1996 अटलांटा ओलम्पिक में प्राप्त तब हुआ जब लिएंडर पेस ने लॉन टेनिस में कांस्य पदक जीता।

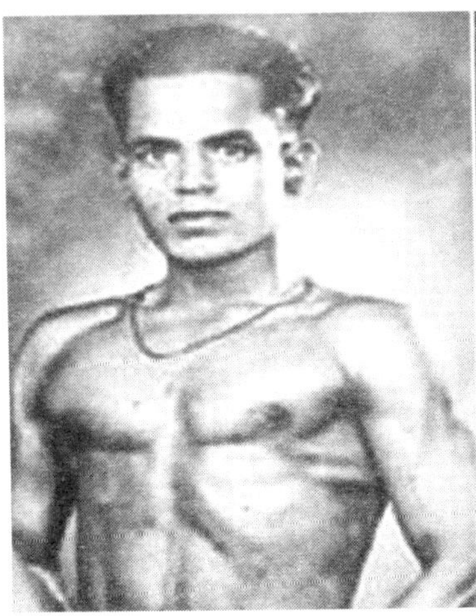

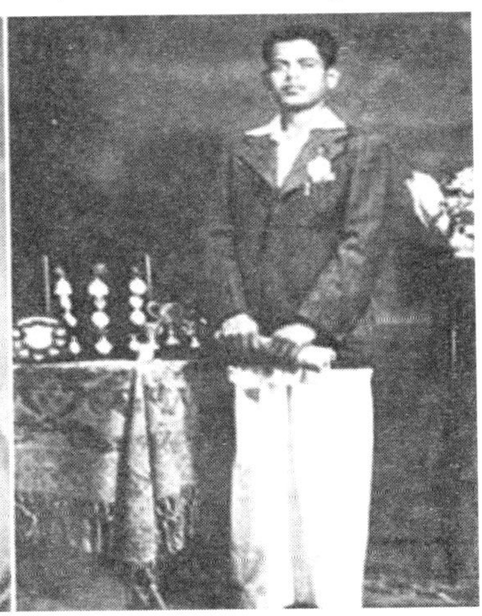

‘फ्लाइंग सिख’ का राष्ट्रमंडल खेलों में पहला स्वर्ण पदक

मिल्खा सिंह, (जो कि ‘फ्लाइंग सिख’ नाम से मशहूर हुए) ने कार्डिफ में 1958 के कॉमनवेल्थ गेम्स में ट्रैक प्रतियोगिता में स्वर्ण पदक जीता। हालाँकि उस समय ज्यादातर लोगों ने उनके बारे में कभी नहीं सुना था लेकिन उनके एथलेटिक खेलों का कारनामा आज तक बच्चों-बच्चों की जुबाँ पर है। इस प्रतियोगिता में उन्होंने एक नया इतिहास रच डाला और अब उन्हें भारत के महानतम एथलीटों में से एक माना जाता है।

उन्हें देश के पहले ट्रैक एंड फील्ड सुपरस्टार के रूप में जाना जाता है। मिल्खा सिंह ने 1956 ओलम्पिक में एक नई प्रतिभा के तौर पर भारत का प्रतिनिधित्व किया। इसके बाद उन्होंने 1960 के रोम ओलम्पिक खेलों में 400 मीटर के फाइनल में चौथा स्थान प्राप्त किया। पदक से चूकते हुए भी उन्होंने अपनी प्रतिभा को जनमानस में स्थापित किया। यह क्षण देश के लिए भी एक एथलेटिक प्रदर्शन के हिसाब से एक गौरव का पल था। इन ओलम्पिक खेलों में ज्यादातर

केरेबियाई मूल के एथलेटिक का दबदबा बना हुआ था लेकिन यहाँ से यह विश्वास जगा कि हाँ भारतीय एथलीट भी ओलम्पिक जैसी प्रतिस्पर्धाओं में पदक जीत सकता है। उसके बाद के वर्षों में उन्होंने 200 मीटर और 400 मीटर की स्पर्धाओं में कई नेशनल रिकॉर्ड बनाए।

एक एथलीट के तौर पर उनकी बड़ी उपलब्धि टोक्यो में होनेवाले 1958 एशियन खेलों में 200 मीटर और 400 मीटर का स्वर्ण पदक जीतना था। यह कारनामा उन्होंने 47 सेकेंड में शानदार गति से 400 मीटर दौड़कर हासिल किया और अपने निकटतम प्रतिद्वन्द्वी पाब्लो सोम्बलिंगों से करीब 2 सेकेंड पहले पूरा किया। उनका दूसरा गोल्ड और भी खास था, क्योंकि उन्होंने एशिया के सर्वश्रेष्ठ धावक पाकिस्तानी मूल के अब्दुल खालिक को 200 मीटर की दौड़ में हराकर स्वर्ण पदक प्राप्त किया। अब्दुल खालिक वही धावक थे जिन्होंने एक नया रिकॉर्ड बनाने के साथ ही 100 मीटर रेस, एशियन गेम्स का स्वर्ण पदक अपने नाम किया था।

1958 में आयोजित ब्रिटिश एम्पायर एंड कॉमनवेल्थ गेम्स में उन्होंने दो रेस, 200 मीटर और 400 मीटर, में नया कीर्तिमान स्थापित किया। इस दौड़ प्रतियोगिता में उन्होंने दक्षिण अफ्रीका के विश्व रिकॉर्ड धारक मैलकम स्पेंस को पीछे छोड़कर प्राप्त किया। यह पल ऐतिहासिक था, क्योंकि इस खेल में उन्हें ट्रैक एंड फील्ड स्पर्धाओं में राष्ट्रमंडल खेलों का स्वर्ण पदक जीतनेवाला पहला भारतीय बना दिया था। यह रिकॉर्ड अगले 52 साल तक बना रहा। उनके स्वर्ण पदक के जीत की खुशी को मनाने के लिए उस समय के तत्कालीन प्रधानमंत्री ने अगला दिन सार्वजनिक अवकाश घोषित किया।

भारतीय फुटबॉल टीम का शानदार दशक

वर्ष 1950 और 1960 के बीच का काल भारतीय फुटबॉल इतिहास के स्वर्णिम दौर में गिना जाता है। यह वह दौर था जिस समय भारतीय फुटबॉल टीम दुनिया की शीर्ष 20 टीमों में गिनी जाती थी। इस दौर में महान फुटबॉलर सैयद अब्दुल रहीम के मार्गदर्शन में भारतीय फुटबाल टीम ने 1951 और 1962 के एशियाई खेलों में जीत हासिल की, और 1956 के ओलम्पिक में चौथे स्थान पर रही।

इस दौर में भारतीय फुटबॉल टीम एशिया की सबसे जोशीले और खतरनाक टीमों में गिनी जाती थी। 1954 के एशियाई खेलों में भारत ने दूसरा स्थान प्राप्त किया था। 1956 ओलम्पिक खेलों में भारतीय फुटबॉल टीम ने सेमीफाइनल में जगह बनाई और आज भी यह ओलम्पिक प्रदर्शन, भारतीय फुटबॉल के इतिहास में स्वर्णिम अक्षरों में दर्ज है। हालाँकि आज के दौर में हमारी टीम

फीफा रैंकिंग में 97वें स्थान पर है और केवल 12 अन्तरराष्ट्रीय मैच खेलती है जिसके कारण टीम वर्ल्डकप में क्वालीफाई करने में सफल नहीं हो पाती है। लेकिन जिस तरह भारतीय टीम पिछले 1-2 वर्षों से प्रदर्शन कर रही है, वह फीफा वर्ल्डकप फाइनल में क्वालिफाई कर सकती है तथा फीफा वर्ल्डकप में खेल भी सकती है। 1950 में ब्राजील में हुए फीफा वर्ल्डकप में भारत ने क्वालीफाई किया परन्तु बाद में अपना नाम वापिस ले लिया। उस जमाने में भारतीय खिलाड़ी बिना जूतों के नंगे पैर फुटबॉल खेलते थे जिसकी इजाजत फीफा कपों में नहीं थी। इसी वजह से भारत को अपना नाम वापिस लेना पड़ा।

1950 और 1960 के दशक में भारतीय टीम एशिया में नम्बर 1 टीम भी रही और 1954 एशियाई खेलों में तो भारत फुटबॉल में दूसरे स्थान पर रहा। 1956 ओलम्पिक में भारतीय फुटबॉल टीम ने सेमीफाइनल में प्रवेश किया था। लेकिन इसके बाद भारतीय फुटबॉल टीम अंक तालिका में पिछड़ती चली गई।

इंग्लिश चैनल पार करनेवाले पहले भारतीय मिहिर सेन

1958 में मिहिर सेन ने लम्बी दूरी तैराकी प्रतियोगिता में इंग्लिश चैनल (डोवर से कैलिस) को पार कर पहले भारतीय विजेता बनने का गौरव प्राप्त किया। यह क्षण भारतीय तैराकी के इतिहास में स्वर्ण अक्षरों में अंकित है। मिहिर ने 1966 में एक कैलेंडर वर्ष में पाँच महासागरों को तैरनेवाला एकमात्र तैराक बनकर अद्‌भुत इतिहास रच दिया।

पेशे से वकील मिहिर सेन ने 27 सितम्बर 1958 को इंग्लिश चैनल जिसकी लम्बाई 61 किमी. और चौड़ाई 240 मीटर है उसको महज 14 घंटे और 45 मिनट में तैरकर पार किया। यह कारनामा करनेवाले वह पहले भारतीय और पहले एशियाई भी थे। उनकी उपलब्धि यहीं तक सीमित नहीं है बल्कि वे एक ऐसे प्रथम भारतीय और प्रथम विश्व तैराक हैं, जिनके नाम को 5 महाद्वीपों के सातों समुद्रों को तैरकर पार करने का गौरव हासिल है।

मिहिर सेन ने 1966 में पाक समुद्र-संधि को तैरकर पार किया जो कि 40 मील में फैला हुआ है। उन्होंने जिब्राल्टर समुद्र-संधि को भी तैरकर पार किया जो मोरक्को और स्पेन के बीच है।

उनका नाम गिनीज बुक ऑफ वर्ल्ड रिकॉर्ड में अंकित है। उनकी साहसिक और अदभुत उपलब्धियों के लिए भारत सरकार ने 1959 में 'पद्मश्री' तथा 1967 में 'पद्मभूषण' से सम्मानित किया।

टेनिस रैंकिंग में छठा स्थान पानेवाले रामनाथन कृष्णन

आज भारत में टेनिस को लोकप्रिय बनाने में लिएंडर पेस, महेश भूपति व रोहन बोपन्ना के अद्भुत योगदान के बारे में हम सभी जानते हैं। लेकिन, क्या आप जानते हैं कि 1950 और 1960 के दशक में पीक गेमिंग पीरियड के दौरान रामनाथन कृष्णन दुनिया के अग्रणी टेनिस खिलाड़ियों में से एक थे? वह 1960 और 1961 के विम्बलडन में सेमीफाइनलिस्ट थे और नम्बर छह की अद्भुत विश्व रैंकिंग तक पहुँचे। 1954 में वह विम्बलडन में पुरुष एकल खिताब जीतनेवाले पहले एशियाई खिलाड़ी बने।

स्वतंत्र भारत के टेनिस खेल के इतिहास में रामनाथन कृष्णन का नाम स्वर्णाक्षरों में अंकित है 1950 और 1960 के दशक में वो भारत के सर्वश्रेष्ठ टेनिस खिलाड़ी थे। उनके नाम दो बार विम्बलडन के सेमीफाइनल तक पहुँचने का रिकॉर्ड है और यह कारनामा उन्होंने 1960-61 में आयोजित विम्बलडन प्रतियोगिता में कर दिखाया। उस समय उन्हें (लॉस टिंगे) के द्वारा जारी वर्ल्ड रैंकिंग में छठा स्थान दिया गया था, जो कि अब तक के किसी भी भारतीय खिलाड़ी द्वारा प्राप्त की गई सर्वश्रेष्ठ रैंकिंग है। और इन दोनों वर्षों को स्वतंत्र भारत के टेनिस इतिहास में स्वर्ण युग की तरह भी देखा गया है।

1954 में अपने पिता टी.के. रामनाथन के मार्गदर्शन में खेलते हुए कृष्णन ने अपनी क्षमताओं का परिचय कराकर तब लोगों को अचम्भे में डाल दिया, जब उन्होंने राष्ट्रीय स्तर पर खेलते हुए चारों जूनियर टाइटल अपने नाम कर लिये। इसी साल उन्होंने जूनियर खेलते हुए विम्बलडन में एस्ले कुपर को फाइनल मैच में हराकर जूनियर विम्बलडन (ब्वाय सिंगल) अपने नाम कर लिया था। और अपने प्रदर्शन को और आगे ले जाते हुए 1959 में पुरुषों की एकल स्पर्धा में विम्बलडन में दो चक्र तक जीतते हुए तीसरे चक्र में एलएस ऑलमेडो से हारे। इसके तुरन्त बाद डेविस कप खेलते हुए कृष्णन ने विम्बलडन की एकल प्रतियोगिता के रनअप खिलाड़ी ऑस्ट्रेलिया के रॉडलेवर को चार सेटों में धूल चटाते हुए टाईटिल अपने नाम कर लिया। 1960 में विम्बलडन के लिए जारी वर्ल्ड रैंकिंग में उन्हें 7वाँ स्थान प्राप्त हुआ, जहाँ कि वो सेमीफाइनल तक पहुँचे। 1961 विम्बलडन में वो सेमीफाइनल में पहुँचे और इस वर्ष इन्हें रोड रेवर के साथ चौथे स्थान पर रखा गया।

कृष्णन भारतीय टीम की एक अभिन्न अंग रहते हुए 1966 के डेविस कप के चैलेंज राउंड तक पहुँचे और इंटर जोनल मैच में अपनी टीम के साथ पाँचवीं बार फाइनल राउंड में पहुँचे। यह कारनामा उन्होंने 1956, 1959, 1962, 1963, और 1968 में कर दिखाया। उन्होंने पश्चिमी जर्मनी को उस समय आश्चर्यचकित कर दिया जब उन्होंने इंटरजोनल सेमीफाइनल में विलहेम बंगट को, जो कि उस वर्ष के विम्बलडन के फाइनलिस्ट थे, को हरा दिया। उन्होंने ऑल इंडिया चैम्पियनशिप 6 बार जीती और इसके फाइनल में 8 बार पहुँचे।

उनके इस सराहनीय कार्य के लिए, भारत सरकार ने 1961 में अर्जुन पुरस्कार, 1962 में पद्मश्री पुरस्कार और 1967 में पद्मभूषण से सम्मानित किया।

हॉकी विश्व कप 1975 में भारत की जीत

1975 में भारत ने मलेशिया के क्वालालम्पुर में आयोजित हॉकी विश्व कप का फाइनल मैच पाकिस्तान को 2-1 के स्कोर से हराकर जीता। 15 मार्च 1975 को आयोजित इस मैच में हॉकी टीम के कप्तान अजीत पाल और असलम शेर खान ने महत्त्वपूर्ण भूमिका निभाई। यह जीत स्वर्णिम अक्षरों में अंकित है।

भारतीय हॉकी टीम ने जब क्वालालम्पुर वर्ल्ड कप अपने नाम किया तो स्टेडियम में तिरंगा लहराया और उस क्षण पूरी टीम भावुक हो गई। भारत को पहली बार वर्ल्ड कप जितवाने में जो खिलाड़ी हीरो रहे, वे थे हॉकी के जादूगर मेजर ध्यानचन्द के पुत्र अशोक कुमार ध्यानचन्द सिंह और पेनल्टी कॉर्नर विशेषज्ञ असलम शेर खान। असलम शेर खान ने सेमीफाइनल में भारत के लिए मलेशिया के खिलाफ बराबरी दिलानेवाला अहम गोल दागा था। अशोक कुमार

ने भारत के लिए वर्ल्ड कप में पाकिस्तान के खिलाफ फाइनल में निर्णायक गोल कर वर्ल्ड कप भारत की झोली में डाला।

पाकिस्तान ने भारत के खिलाफ इस फाइनल मुकाबले में बढ़त बनाते हुए शुरुआती गोल किया और यह गोल उनके खिलाड़ी जाहिद द्वारा किया गया। चूंकि हॉकी खेल में पाकिस्तानी टीम भी एक सशक्त टीम मानी जाती थी, अत: इस प्रथम गोल के बाद भारतीय टीम में कुछ निराशा छा गई। लेकिन एकजुट होते हुए टीम के खिलाड़ी अशोक कुमार, गोविन्दा और सुरजीत सिंह के साथ हाफ लाइन के खिलाड़ी वरींदर सिंह ने कप्तान को भरोसा दिलाया कि अगर हम हौसले से खेले तो हम निश्चित ही अभी भी जीत सकते है। अपना जज्बा दिखाते हुए फुर्तीले खिलाड़ी सुरजीत ने 25वें मिनट में पाकिस्तान के खिलाफ एक रोमांचकारी गोल दाग दिया और टीम को बराबरी पर ला दिया। अपने लक्ष्य की ओर केन्द्रित रहते हुए अशोक कुमार ने फिर एक गोल दाग कर खिताब भारत के नाम किया। यह रोमांचकारी मैच भारत के इतिहास में स्वर्णिम अक्षरों में अंकित है।

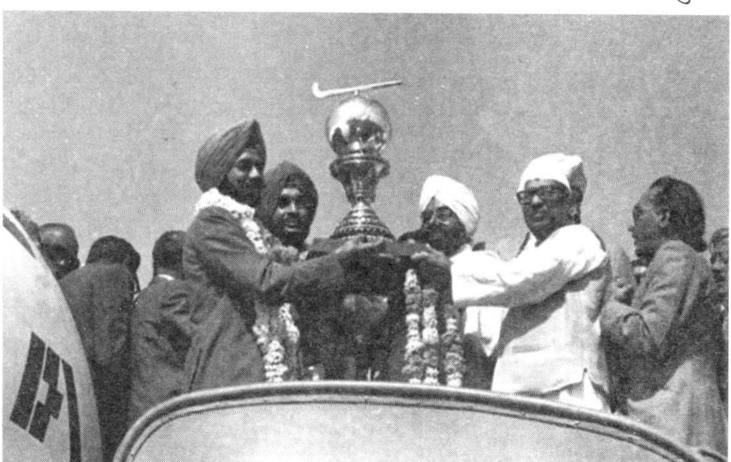

ऑल इंग्लैंड बैडमिंटन का खिताब प्रकाश पादुकोण के नाम

बैडमिंटन के प्रतिष्ठित खेलों में शुमार ऑल इंग्लैंड बैडमिंटन चैम्पियनशिप जीतकर, प्रकाश पादुकोण ने 1980 में इस पल को स्वर्णिम अक्षरों में दर्ज कर दिया। यह गौरवशाली क्षण आज से लगभग 40 वर्ष पहले 1980 में तब आया जब पादुकोण ने इंडोनेशिया के लिएम स्वी किंग को हराया। यह मुकाम हासिल करनेवाले पादुकोण पहले भारतीय बने। बैडमिंटन के इतिहास में प्रकाश पादुकोण उन बेहतरीन खिलाड़ियों में गिने जाते हैं

जिनकी चर्चा आज तक होती है। उनके नाम 9 बार राष्ट्रीय चैम्पियनशिप जीत का रिकॉर्ड दर्ज है।

अब तक ऑल इंग्लैंड बैडमिंटन चैम्पियनशिप का खिताब सिर्फ दो भारतीय ही जीत पाए हैं।

पुलेला गोपीचन्द का बैडमिंटन में स्वर्ण पदक

पुलेला गोपीचन्द का जन्म 16 नवम्बर, 1973 को आन्ध्र प्रदेश के प्रकाशम जिले में हुआ। वैसे तो ये क्रिकेट खेलने में रुचि रखते थे, मगर अपने बड़े भाई राजशेखर की प्रेरणा से इन्होंने बैडमिंटन खेलना शुरू किया। दस वर्ष की उम्र में ये बैडमिंटन खेलने में कुशल हो चुके थे।

इन्होंने वर्ष 1996 में अपना पहला 'राष्ट्रीय बैडमिंटन चैम्पियनशिप' खिताब जीता। फिर वर्ष 2000 तक इस श्रृंखला के पाँच बार खिताब जीते। इसके अलावा इन्होंने इम्फाल में आयोजित राष्ट्रीय खेलों में दो स्वर्ण पदक और एक रजत पदक जीता। उसी वर्ष गोपीचन्द ने आन्ध्र प्रदेश राज्य की बैडमिंटन टीम का नेतृत्व किया और प्रतिष्ठित 'रहमतुल्ला कप' भी हासिल किया।

वर्ष 1999 में इन्होंने अन्तरराष्ट्रीय स्तर पर अपना प्रदर्शन करते हुए फ्रांस में 'टोऊलोजु ओपन चैम्पियनशिप' जीती, फिर स्कॉटलैंड में 'स्कॉटिश ओपन चैम्पियनशिप'।

पुलेला गोपीचन्द के जीवन में तब एक बहुत बड़ा मोड़ आया, जब इन्होंने 2001 में 'ऑल इंग्लैंड ओपन बैडमिंटन चैम्पियनशिप' में पुरुष एकल का खिताब अपने नाम किया। फाइनल में इनका मुकाबला चीन के हॉन्ग चेन से था और इन्होंने चीनी खिलाड़ी को 15-12, 15-6 से शिकस्त देकर दूसरी बार भारत को इस प्रतियोगिता में जीत दिलाई।

गोपीचन्द भारत के एक प्रसिद्ध बैडमिंटन कोच भी रहे हैं, जिन्होंने साइना नेहवाल और पी.वी. सिन्धु जैसी खिलाड़ियों को ओलम्पिक पदक जीतने में मदद की है।

'मुझे लगता है कि एक प्रतिस्पर्धात्मक खेल में हम असफलताओं, निराशा और चोट से ही सीखते हैं। जीवन के किसी भी अन्य क्षेत्र में, यह सम्भव नहीं हो सकता!'—जैसे उद्गार व्यक्त कर युवा पीढ़ी को प्रेरणा देनेवाले पुलेला गोपीचन्द भारत सरकार द्वारा 'राजीव गांधी खेल रत्न', 'द्रोणाचार्य पुरस्कार' और 'पद्मश्री' से सम्मानित किए जा चुके हैं।

1982 के एशियाई खेलों में गोल्फ का स्वर्ण

भारत में गोल्फ का इतिहास लगभग 200 वर्ष पुराना है। 1829 में रॉयल कलकत्ता नाम से एक गोल्फ क्लब और 1892 में रॉयल बम्बई गोल्फ क्लब की स्थापना की गई। 19वीं सदी के शुरुआती वर्षों से यह खेल तब संस्थागत होने लगा जब इसमें पेशेवर खिलाड़ी और पेशेवर संस्थायें आने लगीं।

लगभग 200 वर्ष पहले भारत में इस खेल की शुरुआत होने के बावजूद भारत इस खेल में कोई बड़ा कारनामा नहीं कर पाया था। और यहाँ तक कि स्वतंत्रता के 30 वर्ष के बाद भी इस खेल में किसी पदक का इन्तजार करना

पड़ा। लेकिन यह सुनहरा पल 1982 में तब आया जब हमारे यहाँ एशियन खेल का आयोजन किया गया।

भारतीय गोल्फ टीम ने 1982 में एशियाई खेलों में स्वर्ण जीतकर ना सिर्फ अपना दबदबा गोल्फ खेलों में दिखाया बल्कि इस पल को गोल्फ खेल के इतिहास में स्वर्णिम अक्षरों में अंकित करवाया। इसके बाद 2006 में फिर से इस खेल में रजत जीतकर भारतीय गोल्फ टीम ने बहुत सुर्खियाँ बटोरीं। लक्ष्मण सिंह, राजीव मोहता, ऋषि नारायण और अमित लूथरा ने भारतीय गोल्फ टीम का एशियाई टीम का प्रतिनिधित्व किया था। इस खेल में जीव मिल्खा सिंह के गोल्फ खेलने की कला को नजरअंदाज नहीं किया जा सकता। उन्हें भारत का पहला ऐसा खिलाड़ी बनने का गौरव प्राप्त है जो 1998 में यूरोपियन टूर में शामिल हुये। अपने प्रदर्शन को लगातार सुधारते हुए उन्होंने तीन यूरोपीयन टूर खिताब, चार जापान गोल्फ टूर खिताब और छह एशियाई टूर खिताब अपने नाम किये। आज भारत के पास कई शहरों में गोल्फ कोर्स मौजूद हैं जहाँ हमारे खिलाड़ियों के खेलने के सभी उपकरण उपलब्ध हैं। लेकिन इसे रईस लोगों का खेल माना जाता है।

पी.टी. उषा का रजत पदक

1982 एशियाई खेल कई मायनों में भारत के लिए स्वर्णिम पल थे। महिला एथलेटिक प्रतियोगिता में भाग लेते हुए केरल राज्य की रहनेवाली पी.टी. उषा ने कुछ ऐसा कारनामा कर दिखाया, कि आज तक उनका नाम देश के सर्वोच्च एथलीटों में गिना जाता है। इस खेल में कई देशों से आई महिला एथलीटों को कई सुविधाएँ उपलब्ध थीं जिसमें बेहतर खाना, बेहतर खेल उपकरण जैसे जूते, ड्रेस तथा बेहतरीन कोचों के निर्देशन में ट्रेनिंग वगैरह थी, फिर भी पी.टी. उषा ने समस्त बाधाओं को पार करते हुए 1982 के एशियाई खेलों में 100 मीटर और 200 मीटर दोनों ही प्रतिस्पर्धाओं में रजत पदक जीता। उनका यह प्रदर्शन स्वर्णिम अक्षरों में अंकित है।

4 स्वर्ण और 1 रजत पदक जीतकर ट्रैक और फील्ड स्पर्धाओं में पी.टी. उषा का जादू 1986 के एशियाई खेलों में सिर चढ़कर बोला। उन्हें दुनिया

में सर्वश्रेष्ठ एथलीट की ट्रॉफी से सम्मानित किया गया। इस जीत के साथ एथलीटों की श्रेणी में पी.टी. उषा एक घरेलू नाम बन गईं, और उन्होंने महिला एथलीटों के लिए अपार सम्भावनाओं का द्वार खोला। उनकी यह जीत भारतीय एथलेटिक इतिहास में स्वर्णिम अक्षरों में दर्ज है। 1984 के लॉस एंजेलेस ओलम्पिक खेलों में चौथे नम्बर पर आने के बावजूद, आज भी हिन्दुस्तान में पी.टी. उषा का नाम एथलेटिक्स का पर्याय बना हुआ है। वो भारत की महानतम खिलाड़ियों में से एक मानी जाती हैं। पी.टी. उषा न केवल खिलाड़ियों की कई पीढ़ियों के लिए प्रेरणा बनीं, बल्कि वो आज भी कई युवा एथलीटों को कोचिंग देकर कैरियर संवारने में अहम भूमिका निभा रही हैं।

भारत सरकार ने उन्हें अर्जुन पुरस्कार और पद्मश्री पुरस्कार से सम्मानित भी किया।

भारत ने 1983 में जीता क्रिकेट विश्व कप

भारतीय क्रिकेट इतिहास में दो ऐसे खुशी के पल आये हैं जो हमारे इतिहास के स्वर्णिम अक्षरों में दर्ज हैं और इससे हर भारतीय और क्रिकेट प्रेमियों का सिर फख्र से ऊँचा हुआ है। यह अवसर पहली बार 1983 में खेले गये क्रिकेट विश्व कप में आया जब भारतीय टीम ने कपिल देव की कप्तानी में वेस्ट इंडीज के खिलाफ खेलते हुए यह कारनामा कर दिखाया। 25 जून, 1983 को लॉर्ड्स के मैदान में खेला गया यह मैच आज भी लोगों को सोचने पर रोमांचित कर देता है। हालाँकि इस मैच में वेस्ट इंडीज टीम के सामने भारत को प्रबल दावेदार नहीं

माना गया था लेकिन भारतीय क्रिकेट टीम के हौसले इतने बुलन्द थे कि उस वक्त यह टीम किसी को भी धूल चटा सकती थी। हालाँकि यह मैच आशाओं के विपरीत लो स्कोर मैच रहा और टॉस जीतने के बाद वेस्ट इंडीज टीम ने भारत को बल्लेबाजी करने का मौका दिया। गावस्कर सरीखे खिलाड़ी मात्र 2 रन पर पैवेलियन लौट गये। इससे लोगों के बीच कुछ निराशा छाई लेकिन इस निराशा को छाँटते हुए महेन्द्र अमरनाथ ने एक छोर सम्भाल लिया और दूसरे छोर पर श्रीकांत तूफानी मूड में बल्लेबाजी करते रहे। इस लो स्कोरिंग गेम में भारत ने 183 रन बनाकर आउट हुई। उस समय ऐसा लगा रहा था कि भारतीय टीम का जीतना और वो भी वेस्ट इंडीज जैसी सशक्त टीम के सामने, शायद मुश्किल होगा। लेकिन भारतीय गेंदबाजों ने अपनी फिरकी का जादू इस तरह चलाया कि वेस्ट इंडीज के खिलाड़ियों को ताश के पत्तों की तरह ढेर कर दिया। विलियन रिचड्र्स जैसे खिलाड़ी जिन्होंने आनन-फानन 33 का स्कोर कर लिया था और जिस लय में वो खेल रहे थे लोगों को इस मैच के एकतरफा जल्दी समाप्त होने की उम्मीद थी। लेकिन मदनलाल ने जब 4 चौके खा लेने के बाद फिर से अपने कप्तान से गेंद माँगी तो सभी लोग हतप्रभ रह गये कि कपिल देव ऐसा कैसे कर सकते हैं। लेकिन मदनलाल ने अपने इरादे का पक्का परिचय देते हुए विव रिचड्र्स को दूसरी गेंद में कपिल के हाथों कैच करवाकर पैवेलियन के लिए चलता कर दिया। यहाँ से फिर यह मैच इस तरह मुड़ा कि भारत ने आखिरकार इस मैच को जीत कर इतिहास रच ही दिया। इस जीती टीम को तत्कालीन प्रधानमंत्री इंदिरा गांधी ने हैदराबाद हाउस में बुलाकर स्वागत किया और सभी को बधाई दी।

क्रिकेट विश्व कप : एक और विजय

भारत के इतिहास में दूसरा खुशी का पल 2011 में आया जब आईसीसी क्रिकेट विश्व कप 2011 में इसकी मेजबानी तीन दक्षिण एशियाई देशों द्वारा की गई थी जिसमें भारत, श्रीलंका और बांग्लादेश थे और यह विश्व कप भारत ने जीता था जो सुनहरे अक्षरों में अंकित है।

विश्व कप का आयोजन फरवरी और अप्रैल 2011 की शुरुआत के बीच था, जिसके अन्तर्गत पहला मैच 19 फरवरी, 2011 को संयुक्त मेजबान भारत और बांग्लादेश के बीच मीरपुर, ढाका के शेर-ए-बांगला राष्ट्रीय स्टेडियम में खेला गया। इसका उद्घाटन समारोह प्रतियोगिता के शुरू होने के दो दिन पूर्व 17 फरवरी, 2011 को था। विश्व कप का अंतिम मैच 2 अप्रैल, 2011 को मुंबई के वानखेड़े स्टेडियम में हुआ।

पाकिस्तान द्वारा भी विश्व कप की मेजबानी में भाग लिए जाने का अनुमान था लेकिन लाहौर में श्रीलंका की राष्ट्रीय क्रिकेट टीम पर 2009 में किये गए हमलों के मद्देनजर अन्तरराष्ट्रीय क्रिकेट समिति ने पाकिस्तान को मेजबानी के अधिकार से वंचित रखने का निर्णय लिया। शुरुआत में आयोजन समिति का मुख्यालय लाहौर में स्थित था लेकिन अब इसे मुंबई में स्थानान्तरित कर दिया गया। पाकिस्तान द्वारा 14 मैचों की मेजबानी किये जाने के अनुमान था, जिसमे सेमीफाइनल मैच भी शामिल था। पाकिस्तान की मेजबानी वाले मैचों में से 8 मैच भारत को, 4 श्रीलंका को और 2 बांग्लादेश को दे दिए गए।

पेस-भूपति की अद्‌भुत जोड़ी

1999 में पेस-भूपति की जोड़ी ने चारों ग्रैंड स्लैम प्रतियोगिताएँ जीतीं और टेनिस डबल्स के इतिहास में इस जोड़ी की जीत स्वर्णिम अक्षरों में दर्ज है। इसी के साथ 1999 में एटीपी मास्टर्स में पुरुष युगल के फाइनल में पहुँचे और फ्रेंच ओपन और विम्बलडन भी जीता। यह जोड़ी लगभग अपराजेय मानी जाती थी, और जब भी उन्होंने साथ खेला एक नया इतिहास रचकर कीर्तिमान स्थापित किया। इसलिए 1999 का वर्ष टेनिस के इतिहास में स्वर्णिम अक्षरों में दर्ज है।

1999 के 6 जून का दिन ऐतिहासिक है क्योंकि इसी दिन पेस-भूपति की जोड़ी ने फ्रेंच ओपन के डबल्स मुकाबले को जीता और इस जीत में उन्होंने अमेरिकी जोड़ी को हराया।

पेस-भूपति की जोड़ी ने अमेरिकी युगल गोरेन आइवनीसिविक और जेफ टैरेंगो को 6-2, 7-5 के सीधे सेटों में हराया था। इस जीत से पहले यह जोड़ी

तीन ग्रैंड स्लैम टूर्नामेंट्स (ऑस्ट्रेलियन ओपन, फ्रेंच ओपन और यूएस ओपन) के सेमीफाइनल मुकाबलों तक पहुँच चुकी थी। साथ ही एटीपी टूर में इस जोड़ी ने आठ मुकाबले जीत कर रिकॉर्ड बनाया था।

पेस ने 1996 के अटलांटा ओलम्पिक्स में कांस्य पदक जीता था। और यह क्षण भी टेनिस इतिहास के स्वर्णिम अक्षरों में दर्ज है।

पेस को भारत सरकार द्वारा पद्मभूषण अवार्ड से सम्मानित किया गया।

विश्व महिला भारोत्तोलन 1993
कर्णमल्लेश्वरी का कांस्य पदक

एक जमाना था जब महिला भारोत्तोलन में पदक प्राप्त करने की बात शायद ही कोई सोचता होगा। लेकिन 1993 के आते-आते महिला भारोत्तोलन में इस भारतीय खिलाड़ी के उभरने के कारण भारत स्वर्णिम युग के दहलीज पर खड़ा दिखने लगा। यह वर्ष एक ऐसा वर्ष था जबकि भारत ने कर्णमल्लेश्वरी के रूप में एक ऐसा भारोत्तोलक प्राप्त किया जिसने उम्मीद की किरणें जगा दीं। इन्होंने अपनी पहली विश्व चैम्पियनशिप में, जिसका आयोजन 1993 में हुआ था, 54 किलोग्राम केटेगरी में कांस्य पदक जीतकर सभी भारतीयों का सिर गर्व से ऊँचा कर दिया। यह क्षण भारोत्तोलन के इतिहास में स्वर्णिम पल है। अगले ही वर्ष 1994 में मल्लेश्वरी विश्व चैम्पियनशिप में स्वर्ण पदक जीतनेवाली पहली महिला वेटलिफ्टर बनीं। यह वर्ष मल्लेश्वरी के लिए काफी महत्त्वपूर्ण

वर्ष था। इसमें उन्होंने एशियाई खेलों में रजत पदक भी जीता। अपनी क्षमताओं को आगे बढ़ाते हुए सिडनी में आयोजित ओलम्पिक में उन्होंने अपना पहला पदक जीता।

कर्णमल्लेश्वरी ने 1995 में विश्व खिताब को बरकरार रखा और एक वक्त ऐसा था जब 1996 में भी स्वर्ण पदक की हैट्रिक लगाने की दौड़ में थीं। इसके पश्चात् उन्होंने 63 किग्रा. कैटेगरी में खेलना प्रारम्भ किया और विजयी भी रहीं इसके बाद उन्होंने 1998 में दूसरा एशियाई रजत पदक भी जीता।

उनकी इन उपलब्धियों को ध्यान में रखते हुए भारत सरकार ने उन्हें अर्जुन पुरस्कार और पद्मश्री पुरस्कार से सम्मानित भी किया।

विश्वनाथन आनन्द ने जीती वर्ष 2000 में पहली विश्व शतरंज चैम्पियनशिप

'लाइटनिंग किड' नाम से मशहूर विश्वनाथन आनन्द ने अपना नाम उस समय स्वर्णिम इतिहास में दर्ज कराया जब उन्होंने 2000 में एफआईडीई वर्ल्ड चेस चैम्पियनशिप एलेक्सेई शिरोव को हराकर जीती। उन्हें पहला ऐसा भारतीय होने का गौरव प्राप्त है, जिसने यह कारनामा किया है। उनका यह पल भारतीय स्वर्णिम पलों में गिना जाता है। उन्होंने पाँच बार विश्व चैम्पियनशिप (2000, 2007, 2008, 2010, 2012) जीती है, और महान शतरंज खिलाड़ी लुबोमिर कवलेक ने उन्हें सबसे बहुमुखी विश्व चैम्पियन में से एक कहा था। विश्वनाथन आनन्द अपने प्रशंसकों में 'मद्रास टाइगर' और 'विशी' नाम से बेहद लोकप्रिय हैं।

वर्ल्ड चैम्पियन बनने का सफरनामा

विश्वनाथन आनन्द ने 2000 में तेहरान में एलेक्सेई शिरोव को हराकर पहली बार एफआईडीई वर्ल्ड चैम्पियनशिप का खिताब जीता। 2007 में आनन्द ने अगला विश्व चैम्पियनशिप खिताब रूस के व्लादिमीर क्रैमनिक को मात देकर अपने नाम किया। इस खिताब को जीतने के लिए उनका सामना दुनिया के आठ सर्वश्रेष्ठ खिलाड़ियों से हुआ था।

2008 में एक बार फिर आनन्द का सामना रूसी खिलाड़ी व्लादिमीर क्रैमनिक से हुआ। उस समय आनन्द को क्रैमनिक के सामने खिताब का प्रबल दावेदार नहीं माना जा रहा था। लेकिन आनन्द ने सभी को चौंकाते हुए इस बार भी खिताब अपने नाम किया।

आनन्द चौथी बार चैम्पियन तब बने जब उन्होंने 2010 में बल्गारिया के वेसेलीन टोपालोव को शिकस्त दी।

2012 में इजरायल के बोरिस गेलफेंड को हराकर आनन्द वर्ल्ड चैम्पियन बने।

विश्वनाथन आनन्द का जन्म 11 दिसम्बर, 1969 को तमिलनाडु के छोटे से शहर मयिलाडुथराई में हुआ था। आनन्द ने 6 वर्ष की आयु से शतरंज खेलना शुरू कर दिया था और उन्हें शतरंज की बुनियादी बातें उनकी माँ ने सिखाईं।

गैरी कास्पारोप, व्लादीमीर क्रैमनिक, मैग्नस कार्ल्सन जैसे खिलाड़ियों से आनन्द का मैच बेहद ही रोमांचक और रोचक रहा है। कई बार आनन्द उन्हें हराने में कामयाब रहे तो कई बार उन्हें हार का स्वाद चखना पड़ा। आनन्द पहले भारतीय खिलाड़ी हैं, जिन्हें 7 नवम्बर, 2010 को प्रधानमंत्री मनमोहन सिंह और अमेरिकी राष्ट्रपति बराक ओबामा के लंच पर बुलाया गया।

विश्वनाथन आनन्द में शतरंज की प्रतिभा कूट-कूट कर भरी थी। शतरंज की चालों को तेजी से समझने में माहिर आनन्द ने 1983 में नेशनल सब-जूनियर चेस चैम्पियनशिप का खिताब जीता। इसके बाद वर्ल्ड जूनियर चैम्पियनशिप और 1987 में ग्रैंडमास्टर खिताब जीतकर अपना लोहा मनवाया।

इस कारनामे के लिए भारत सरकार द्वारा उनको राजीव गांधी खेल रत्न और पद्म विभूषण से सम्मानित किया गया।

जब अनिल कुंबले ने की टूटे जबड़े से गेंदबाजी

इतिहास में कुछ क्षण ऐसे होते हैं जब कोई एक व्यक्ति ही पूरे खेल का मुख्य आकर्षण बन जाता है। ऐसा ही एक पल 2002 में आया जब अनिल कुंबले का खेल के लिए लगाव अपने चरम पर पहुँचा और वो टूटे हुए जबड़े के साथ वेस्ट इंडीज के खिलाड़ी ब्रायन लारा के खिलाफ बॉलिंग करने उतर गये। उन्होंने वेस्ट इंडीज के खिलाफ इस टेस्ट मैच में ब्रायन लारा के खिलाफ 14 ओवर बॉलिंग की और उन्हें आउट करके ही दम लिया। यह मैच हालाँकि बिना किसी निर्णय के ड्रा घोषित किया गया, परन्तु कुंबले के देश और टीम के प्रति जुनून ने सभी लोगों का दिल जीता। यह मैच क्रिकेट इतिहास के स्वर्णिम अक्षरों में अंकित है।

यह टेस्ट मैच सन् 2002 में भारत-वेस्ट इंडीज के बीच खेला गया था। कुंबले को मर्वन ढिल्लन की बाउंसर लगी और उनके सिर और जबड़े से खून बहने लगा। अनिल कुंबले को मैदान से बाहर ले जाया गया मगर वह फिर से मैच के लिए आ गए। कुंबले ने सिर से लेकर जबड़े तक पट्टी बाँध रखी थी। बावजूद इसके उन्होंने 14 ओवर गेंदबाजी की। इस दौरान कुंबले (दूसरा नाम 'जंबो') ने महानतम बल्लेबाज ब्रायन लारा का भी विकेट लिया। मैच के बाद पता चला कि कुंबले के जबड़े में फ्रैक्चर था।

कुंबले ने 132 टेस्ट मैचों की 236 पारियों में 2.7 की इकॉनामी के साथ 619 शिकार किए। इस दौरान उन्होंने 35 बार पाँच विकेट, जबकि पूरे मैच में 8 बार 10 विकेट हासिल किये। 271 वनडे मैचों में कुंबले ने 4.31 की इकॉनामी के साथ 337 विकेट लिए।

इनके नाम एक ही पारी में 10 विकेट लेने का रिकॉर्ड भी दर्ज है। जिम लेकर के अलावा अनिल कुंबले इकलौते ऐसा कारनामा करनेवाले गेंदबाज हैं।

उनकी खेल की प्रतिभा के लिए उनको भारत सरकार ने अर्जुन अवार्ड और पद्मश्री अवार्ड से सम्मानित किया है।

अंजू बॉबी जॉर्ज की ऐतिहासिक लम्बी कूद

अंजू बॉबी जॉर्ज ने उस समय इतिहास रच दिया जब उन्होंने 2003 में पेरिस में आयोजित विश्व एथलेटिक चैम्पियनशिप में लम्बी कूद में कांस्य पदक जीता। इस पदक को जीतते हुए उन्होंने लम्बी कूद में 6.70 मीटर की छलांग लगाई और भारत को उन्होंने एक ऐसी उपलब्धि दिलायी, जो देश का कोई एथलीट नहीं कर सका।

जॉर्ज ने भारत को एथलेटिक्स में पहला अन्तरराष्ट्रीय मेडल दिलाया। और वो आज तक देश के सम्मानित एथलेटिकों में से एक है। अंजू बचपन से ही खेलों में काफी रुचि लेती थीं, और उन्हें अपने पिता का निरन्तर सहयोग मिला।

केरल के चांगंसेरी में जन्मी अंजू ने स्कूल में एथलेटिक्स की शुरुआत की। महज 5 साल की उम्र में ही उन्होंने एथलेटिक्स स्पर्धाओं में भाग लेना भी शुरू कर दिया। फिर अंजू 'सीकेएम कोरूथोड़े स्कूल' में गईं, जहाँ उनके कोच ने उनकी प्रतिभा को ओर अधिक चमकाया।

अंजू ने अपना एथलेटिक्स करियर हैप्थलॉन खेल से शुरू किया। इसके अलावा उन्होंने नेशनल स्कूल गेम्स में हिस्सा लिया जहाँ वो 100 मीटर रेस और 4 X 100 मीटर रिले रेस में तीसरे नम्बर पर रहीं। फिर अंजू पूरी तरह जंप करनेवाले खेलों पर केन्द्रित हो गईं। उन्होंने 20 साल की उम्र में ट्रिपल जंप में नेशनल रिकॉर्ड बनाया। 1999 में नेपाल में हुए साउथ एशियन फेडरेशन कप में उन्होंने सिल्वर मेडल जीता। 2001 में उन्होंने चोट से उबरकर लम्बी कूद में 6.74 मीटर का रिकॉर्ड कायम किया। इसके बाद अंजू ने भारत के ट्रिपल जंप के राष्ट्रीय चैम्पियन राबर्ट बॉबी जॉर्ज से अपना खेल और बेहतर करने के लिए मदद ली। आगे चल कर अंजू ने उन्हीं के साथ शादी भी कर ली। अंजू ने मैनचेस्टर के राष्ट्रमंडल खेलों में रजत पदक जीतकर विश्व स्तर पर अपनी पहचान बनाई। ये मेडल जीतनेवाली वह भारत की पहली महिला एथलीट थीं। यहाँ उन्होंने 6.49 मीटर लम्बी छलांग लगाई। इसके वाद बुसान एशियाई खेलों में उन्होंने गोल्ड मेडल जीता। यहाँ उन्होंने 6.53 मीटर की छलांग लगाई। इसके बाद अंजू ने दुनिया के जाने-माने एथलीट माइक पावेल से ट्रेनिंग ली। उन्होंने अंजू को अमेरिका में कड़ी ट्रेनिंग दी।

2003 में अंजू ने अपनी आदर्श पी.टी. उषा को पीछे छोड़ भारतीय एथलेटिक्स का रिकॉर्ड बना दिया। उन्होंने वर्ल्ड चैम्पियनशिप में भारत को एथलेटिक्स में पहला कांस्य पदक दिलाया। अंजू ने देशवासियों को गौरव करने का स्वर्णिम पल दिया। अंजू को 13 अगस्त, 2004 को एथेंस ओलम्पिक में भारतीय झंडा लेकर चलने का सम्मान मिला। भारतीय खेलों में उम्दा योगदान देने के लिए 21 सितम्बर, 2004 को उन्हें राजीव गांधी खेल रत्न अवार्ड से सम्मानित किया गया।

प्रथम कबड्डी विश्वकप के पहले मैच में भारतीय टीम की शानदार जीत

भारतीय कबड्डी टीम ने प्रथम कबड्डी विश्व कप 2004 में बिना एक भी मैच गँवाए कबड्डी विश्व कप जीता और भारत के लिए यह एक सिर्फ गौरव का पल ही नहीं था बल्कि कबड्डी के इतिहास में एक स्वर्णिम पल भी था। कबड्डी में भारत ने अपना दबदबा निरन्तर कायम रखा है और अब तक खेले गये 5 कबड्डी विश्वकप जीते हैं। पुरुष और महिला दोनों कबड्डी टीमों ने एशियाई खेलों में एक साथ जीतकर भारत को इस खेल में लगभग अपराजेय बनाया है। 2014 के अलावा, भारत ने 1990, 1994, 1998, 2002, 2006 और 2010 में एशियाई खेलों में स्वर्ण पदक जीते। ये सभी पदक कबड्डी के स्वर्णिम इतिहास में अंकित हैं जिससे कि भारतीयों का सिर ऊँचा होता है।

स्टैंडर्ड स्टाइल कबड्डी विश्व कप का सबसे पहली बार आयोजन साल 2004 में किया गया। इस टूर्नामेंट की मेजबानी भारत के मुम्बई शहर ने की थी। टूर्नामेंट में कुल 12 टीमों ने भाग लिया। पहले कबड्डी विश्व कप में खेलनेवाली टीमें थीं—बांग्लादेश, कनाडा, जर्मनी, इंडिया, ईरान, जापान, मलेशिया, नेपाल, दक्षिण कोरिया, थाईलैंड, यूनाइटेड किंगडम और वेस्ट इंडीज। इस टूर्नामेंट में तीन पूल ए, बी, सी बनाए गए जिनमें चार-चार टीमों को रखा गया। यह टूर्नामेंट के आधार पर खेला गया। इस तरह टूर्नामेंट में कुल 23 मैच खेले गए। ग्रुप स्टेज में टीम इंडिया ने अपने सभी मैच जीते। क्वार्टरफाइनल में कुल 6 टीमें—भारत, जापान, बांग्लादेश, कनाडा, यूनाइटेड किंगडम और ईरान पहुँचीं। टीम इंडिया और ईरान अपने ग्रुप से सर्वाधिक अंक हासिल करके आई थीं इसलिए उन्हें क्वार्टरफाइनल में बाई दे दिया गया। अन्य दो क्वार्टरफाइनल जापान बनाम बांग्लादेश और कनाडा बनाम यूनाइडेट किंगडम के बीच खेले गऐ। जापान को हराते हुए बांग्लादेश की टीम ने सेमीफाइनल में प्रवेश किया जहाँ उसका सामना भारत से हुआ। दूसरी टीम के रूप में यूनाइटेड किंगडम को हराते हुए कनाडा ने सेमीफाइनल में प्रवेश किया जिसका मुकाबला ईरान से हुआ। भारत ने बांग्लादेश को 30-19 के स्कोर से हराया और फाइनल में अपनी जगह पक्की की। वहीं दूसरे सेमीफाइनल में ईरान ने कनाडा को 54-28 के विशाल अन्तर से हराया। इस रोमांचक फाइनल में भारत ने 55-27 के स्कोर से ईरान को रौंद डाला और पहला कबड्डी विश्वकप अपने नाम कर लिया।

राज्यवर्धन सिंह ने जीता एथेंस ओलम्पिक में शूटिंग का रजत पदक

2004 के एथेंस ओलम्पिक खेलों में राज्यवर्धन सिंह राठौर ने शूटिंग की डबल ट्रैप प्रतियोगिता में 189 अंक के साथ रजत पदक जीता और यह पल भारतीय शूटिंग स्पर्धाओं के स्वर्णिम अक्षरों में अंकित है। उन्होंने ओलम्पिक में व्यक्तिगत स्पर्धा में भारत को अपना पहला रजत पदक दिलाया।

राज्यवर्धन सिंह राठौर, जो कि आर्मी कर्नल के पद पर मौजूद थे, ने पाकिस्तान के खिलाफ कारगिल की लड़ाई में हिस्सा लिया था और भारत की विजय गाथा में अपना नाम हमेशा के लिए दर्ज कर लिया। राज्यवर्धन सिंह राठौर में खेल का जुनून शुरू से ही था। राठौर ने पहली बार शूटिंग को साल 1998 में इंडियन आर्मी में रहकर शुरू किया। उन्होंने अपनी एकाग्रता और

अनुशासन से शूटिंग में अपना नाम धीरे-धीरे राष्ट्रपटल पर स्थापित कर दिया। छह फुट लम्बे कद के इस खिलाड़ी ने 2002 कॉमनवेल्थ गेम्स और एशियन क्ले टारगेट चैम्पियनशिप में गोल्ड जीता इसके साथ ही वर्ल्ड शूटिंग और शॉटगन चैम्पियनशिप में ब्रॉन्ज और सिल्वर मेडल भी हासिल किया और भारत को कई बार गौरवान्वित करनेवाला क्षण दिलाया।

उन्होंने अपने इस ओलम्पिक तैयारी के लिए इटली जाकर पूर्व विश्व चैम्पियन लूका मारिनि और ओलम्पिक चैम्पियन रसेल मार्क से प्रशिक्षण प्राप्त किया। उन्होंने शूटिंग के कुछ गुण मौरो पेराज्जी से भी सीखे और 2004 ओलम्पिक गेम्स में मौरो पेराज्जी की ही गन का इस्तेमाल कर रजत पदक जीता। राज्यवर्धन सिंह राठौर को 2004 में अर्जुन अवार्ड के साथ पद्मश्री अवार्ड से नवाजा गया। और इसके बाद 2005 में इन्हें राजीव गांधी खेल रत्न अवार्ड से भी सम्मानित किया गया।

विश्व बिलियर्ड्स चैम्पियनशिप 2005 पंकज आडवाणी के नाम

2005 की आईबीएसएफ विश्व बिलियर्ड्स चैम्पियनशिप पंकज आडवाणी ने जीतकर इस खेल के इतिहास में अपना नाम स्वर्णिम अक्षरों में अंकित किया तथा इस खेल में भारत का नाम भी रोशन किया। इस विश्व चैम्पियनशिप में वो पहले ऐसे खिलाड़ी बने जिन्होंने समय और प्वाइंट दोनों प्रारूप जीत कर भव्य डबल हासिल किया। सम्पन्न और कुलीन लोगों के बीच खेले जानेवाले इस खेल को अगर आज आम लोग भी खेलते हैं तो इसमें पंकज आडवाणी की विशेष भूमिका है।

24 जुलाई 1985 को पुणे में जन्मे पंकज का यह सफर बहुत कम उम्र में शुरू हुआ और उन्होंने अपना पहला खिताब स्टेट लेवल चैम्पियनशिप जीत कर हासिल किया। और मजे की बात तो यह है कि यह चैम्पियनशिप उन्होंने 12 साल की उम्र में अपने ही भाई को हराकर जीती थी। फिर उनका सफर 2000, 2002, 2003 में इंडियन जूनियर्स बिलियड्र्स चैम्पियनशिप से होते हुए 2003 में नेशनल स्नूकर चैम्पियनशिप के सबसे युवा खिलाड़ी बनने तक पहुँचा। इसी साल उन्होंने वर्ल्ड अमेच्योर स्नूकर चैम्पियनशिप अपने नाम की। अपनी क्षमताओं को निरन्तर निखारते हुए बहुत कम उम्र से ही वो अपने से बड़ी उम्र के खिलाड़ियों को चुनौती देकर सभी को अचम्भे में डालते रहे। आखिरकार साल 2005 में पंकज ने आईबीएसएफ वर्ल्ड चैम्पियनशिप का खिताब जीत कर भारत का दबदबा इस खेल में कायम किया। इसके बाद तो उन्होंने वर्ल्ड, एशियन और इंडियन चैम्पियनशिप के खिताबों की हैट्रिक लगा दी। उनके नाम अब तक 23 बार वर्ल्ड टाईटिल जीतने का रिकॉर्ड है और इसके अलावा अन्य कई अन्तरराष्ट्रीय खिताब जीतने का रिकॉर्ड उनके नाम दर्ज है।

एक समय था जब पंकज भारत का वर्ल्ड बिलियड्र्स चैम्पियनशिप में प्रतिनिधित्व करने इंग्लैंड गए थे लेकिन तब उन्हें सरकार की तरफ से कोई फंड मुहैया नहीं कराया गया था। तब उनके खर्चों को उठाने के लिए पंकज की माँ ने अपनी एफडी तुड़वाई थी। लेकिन आज पंकज आडवाणी ने भारत में हर व्यक्ति तक इस खेल को पहुँचाने के लिए अपनी एकेडमी शुरू की है। वहीं बेंगलुरु, मुंबई सहित देश के कई अन्य शहरों के स्कूलों को बिलियड्र्स टेबल देने की योजना भी बनाई है। पंकज राज्य सरकारों और प्रशासन के साथ मिलकर कई स्टेट, नेशनल और इंटरनेशनल टूर्नामेंट्स का भी आयोजन करवा चुके हैं, जहाँ महिला और पुरुष दोनों वर्गों को सम्मानजनक इनाम राशि मिलती है। भारत में स्नूकर और बिलियड्र्स का ये पोस्टर बॉय अब इसे आम लोगों तक पहुँचा रहा है।

पंकज आडवाणी को भारत सरकार द्वारा राजीव गांधी खेल रत्न, पद्म विभूषण, अर्जुन अवार्ड और पद्मश्री पुरस्कार से सम्मानित किया गया है।

भारत के पहले फॉर्मूला वन ड्राइवर बने नारायण कार्तिकेयन

भारत जैसे देश में जहाँ क्रिकेट के प्रति जुनून किसी से छिपा नहीं है, हमने नारायण कार्तिकेयन के रूप में एक नई खेल सनसनी देखी। यह युवा रेसर भारत का पहला फॉर्मूला वन मोटर रेसिंग ड्राइवर बन गया। उनके बाद कई और ड्राइवरों ने इस खेल को भारत में लोकप्रिय बनाया। करुण चंडोक भी बाद में इस खेल में शामिल हुए। आज भारत में एफ-1 टीम है और एक भारतीय ग्रांड प्रिक्स सर्किट दिल्ली से सटे उत्तर प्रदेश के ग्रेटर नोएडा शहर में मौजूद है। यह तभी सम्भव हो पाया जब कार्तिकेयन ने इस खेल को अपने देश में लोकप्रिय बनाया। फॉर्मूला वन रेस में कार्तिकेयन का होना ही इस खेल का स्वर्णिम पल है जिससे सभी भारतीय रोमांचित हो उठते हैं क्योंकि

इससे पहले भारत में कभी किसी ने शायद ही सोचा हो कि कोई भारतीय इसमें शामिल होगा।

वर्ष 2005 में कार्तिकेयन ने जॉर्डन टीम के चालक के रूप में फॉर्मूला वन रेस में प्रवेश किया। यह वो दौर था जब ज्यादातर लोगों को इस खेल की जानकारी नहीं थी। लेकिन इस रेस में भागीदारी कर उन्होंने रातोरात अपने को भारत के उन खिलाड़ियों में शुमार कर लिया जो कि एफ-1 रेस में भाग लेने के लिए तैयार थे। चूंकि यह भारतीय एफ-1 चालकों के लिए शुरुआती दौर था इसलिए कार्तिकेयन पर पूरी मीडिया की नजर टिकी रहती थी और वो रोज सुर्खियों में रहते थे।

कार्तिकेयन की प्रशंसकों की संख्या काफी ज्यादा है और उसमें भारतीय क्रिकेट टीम के पूर्व कप्तान और महान क्रिकेटर सचिन तेंदुलकर भी शामिल हैं। कार्तिकेयन को कार रेस की प्रेरणा अपने पिता जी.आर. कार्तिकेयन से मिली जो खुद भी भारतीय नेशनल रैली चैम्पियन रहे हैं और इसके अलावा वे सात बार दक्षिण भारतीय रैली विजेता भी रहे है। फॉर्मूला वन ड्राइवर बनने के लिए नारायण कार्तिकेयन ने फ्रांस में इल्फ विंडफील्ड रेसिंग स्कूल में प्रशिक्षण भी लिया। भारत लौटने के बाद कार्तिकेयन ने कई अलग-अलग कारों को चलाकर अपनी प्रतिभा भी साबित की।

युवराज सिंह के एक ओवर में छह छक्के

इंग्लैंड के खिलाफ टी-20 क्रिकेट विश्व कप 2007 के मैच में युवराज सिंह ने एक ओवर में छह शानदार छक्के जड़कर क्रिकेट इतिहास के स्वर्णिम अक्षरों में अपना नाम दर्ज कराया। स्टुअर्ट ब्रॉड के खिलाफ युवराज सिंह की अविश्वसनीय बल्लेबाजी दुनिया भर के क्रिकेट प्रशंसकों के लिए एक ट्रीट थी। वर्ष 2011 में टीम इंडिया को वर्ल्ड कप जितवाने में युवराज ने अहम भूमिका निभाई तथा गेंद और बल्ले दोनों से उम्दा प्रदर्शन किया। अपने प्रदर्शन की बदौलत वो 'मैन ऑफ द टूर्नामेंट' घोषित किए गए। यह कारनामा उन्होंने तब किया जबकि उनका स्वास्थ्य उस समय काफी खराब था और उन्हें खून की उल्टी भी हुई थी। जाँच कराने पर पता चला था कि उन्हें गोल्फ बॉल के बराबर ट्यूमर है।

इस ओवर की पहली गेंद—युवराज सिंह ने स्टुअर्ट ब्रॉड की गेंद को मैदान के बाहर भेज दिया। गेंद स्टेडियम से बाहर चली गई। टीवी रिप्ले में छक्के की लम्बाई 111 मीटर बताई गई।

दूसरी गेंद—पैरों पर पड़ी गेंद को युवी ने जबरदस्त फ्लिक शॉट के जरिए बैकवर्ड स्क्वेयर लेग के ऊपर से दर्शकों के बीच भेज दिया।

तीसरी गेंद—स्टंप्स की लाइन पर मिली गेंद को युवराज ने जगह बनाकर एक्स्ट्रा कवर के ऊपर से रवाना कर दिया।

चौथी गेंद—स्टुअर्ट ब्रॉड ने ओवर द विकेट के बजाय राउंड द विकेट गेंदबाजी चुनी। गेंद वाइड फुल टॉस डाली और जिसे युवराज ने खड़े-खड़े बैकवर्ड पॉइंट के ऊपर से बाउंड्री के बाहर भेज दिया।

पाँचवीं गेंद—कप्तान के साथ बात करने का भी ब्रॉड को कोई फायदा नहीं हुआ। युवराज ने इस बार एक घुटने को जमीन पर टेककर गेंद को मिडविकेट के ऊपर से मारा। गेंद आसमान में काफी ऊपर गई और दर्शकों के बीच जाकर गिरी।

छठी गेंद—एक और छक्का और लगातार 6 गेंद में 6 छक्के लगने का कमाल टी-20 क्रिकेट में पहली बार हुआ। युवराज ने इस बार गेंद को मिड ऑन के ऊपर से 6 रन के लिए भेज दिया। बल्ले से जैसे ही गेंद टकराई साफ हो गया था कि यह 6 रन के लिए जा रही है। युवराज सिंह टी-20 क्रिकेट में लगातार 6 गेंद में 6 छक्के लगानेवाले पहले क्रिकेटर बने।

युवराज सिंह को उनके उम्दा खेल के लिए भारत सरकार ने 2012 में अर्जुन अवार्ड और 2014 में पद्मश्री अवॉर्ड से सम्मानित किया।

अभिनव बिन्द्रा ने जीता बीजिंग ओलम्पिक 2008 में स्वर्ण पदक

2008 बीजिंग ओलम्पिक में पुरुषों की 10 मीटर एयर राइफल शूटिंग प्रतियोगिता में अभिनव बिन्द्रा ने स्वर्ण पदक प्राप्त किया और यह पल भारतीय शूटिंग स्पर्धाओं के इतिहास में स्वर्णिम अक्षरों में अंकित है। उन्होंने बीजिंग ओलम्पिक में 10 मीटर एयर राइफल शूटिंग प्रतियोगिता की व्यक्तिगत स्पर्धा में भारत को अपना पहला स्वर्ण पदक दिलाया। अभिनव बिन्द्रा के द्वारा बीजिंग खेलों में रचे हुए इतिहास को कोई भी दोहरा नहीं

पाया है और वह आज भी भारत के अकेले व्यक्तिगत स्वर्ण जीतनेवाले ओलम्पिक खिलाड़ी हैं।

फाइनल से 5 मिनट पहले बिन्द्रा को पता चला कि उनकी बंदूक बदल गई है। इस बात को लेकर वो कुछ क्षणों के लिए बौखला गये लेकिन अच्छी बात यह थी की उन्होंने ऐसी आपातकालीन स्थिति के लिए तैयारी की हुई थी। किसी निशानेबाज के लिए उसकी बंदूक जिस पर उसका हाथ जमा हो, काफी अहम होती है।

निशानेबाजी में उन्होंने लगातार अपने प्रयास को जारी रखा और बीजिंग ओलम्पिक 2016 में वो 1 प्वाइंट से चूक गये लेकिन फाइनल में पहुँचना भी एक बड़ी बात थी और पूरे देश की निगाहें उनके ऊपर टिकी रहीं।

अभिनव बिन्द्रा को राजीव गांधी खेल रत्न व पद्म भूषण अवार्ड से सम्मानित किया गया।

साइना नेहवाल बनीं सुपर सीरीज जीतनेवाली पहली भारतीय महिला

वर्ष 2009 जकार्ता में साइना नेहवाल सुपर सीरीज जीतनेवाली पहली भारतीय महिला बनीं। उन्होंने फाइनल में चीन के सर्वश्रेष्ठ खिलाड़ी लिन वांग को हराया। यह पल भारतीय महिला बैडमिंटन के इतिहास में स्वर्णिम अक्षरों में दर्ज है।

2009 में ही साइना ने अपना जबरदस्त प्रदर्शन जारी रखते हुए तत्कालीन विश्व चैम्पियन, स्पेन की कैरोलीना मारिन के खिलाफ एक खिताबी मुकाबला जीत लिया। और इसी वर्ष वह पहले वर्ल्ड सुपरसीरीज प्रीमियर टूर्नामेंट 'ऑल

इंग्लैंड ओपन' के फाइनल तक पहुँचने में कामयाब रहीं। अपनी सफलता को जारी रखते हुए 2010 में उन्होंने सिंगापुर सुपरसीरीज, इंडोनेशिया सुपरसीरीज, हांगकांग सुपरसीरीज के अलावा इंडिया ग्रांप्री गोल्ड जीता और एशियन चैम्पियनशिप के महिला एकल वर्ग में कांस्य पदक हासिल किया। इसके बाद साइना ने राष्ट्रमंडल खेलों में महिला एकल वर्ग का स्वर्ण पदक हासिल कर देश को गौरवान्वित किया।

अपना सफर जारी रखते हुए साइना ने लंदन ओलम्पिक-2012 में महिला एकल वर्ग का कांस्य पदक जीता। उनके बैडमिंटन खेल में अनुपम योगदान के लिए उन्हें 2009 में पद्मश्री पुरस्कार, 2009 में ही राजीव गांधी खेल रत्न और 2010 में अर्जुन अवॉर्ड से सम्मानित किया गया।

मैरी कॉम की महिला मुक्केबाजी में 'सुनहरी' वापसी

पाँच बार की विश्व चैम्पियन और ओलम्पिक कांस्य पदक विजेता मैरी कॉम ने महिलाओं की 48-51 किलोग्राम मुक्केबाजी में अपने पहले एशियाई खेलों के स्वर्ण पदक के साथ सभी का दिल जीत लिया। यह मुक्केबाजी खेल का स्वर्णिम पल थी। यह सफर उतना आसान नहीं था। एक मार्च 1983 को मणिपुर में स्थित कांगथाही नामक स्थान पर जन्मीं मैरी कॉम के पिता एक किरायेदार किसान थे, जिनके लिए अपने बच्चों का पेट पालना भी मुश्किल था। ऐसी विपरीत परिस्थिति के बाद भी मैरी कॉम ने मुक्केबाज बनकर एक मिसाल कायम की। मैरी कॉम के लिए यह जीत और भी खास इसलिए थी

क्योंकि उनकी रिंग में वापसी तीसरे बच्चे को जन्म देने के बाद हुई थी। यह जीत भारतीय महिला मुक्केबाजी के इतिहास में स्वर्णिम अक्षरों में दर्ज है।

मैरी कॉम के नाम मुक्केबाजी के कई रिकॉर्ड दर्ज हैं। 2013 में 48 किलोग्राम कैटेगरी में कॉम ने रजत पदक हासिल किया। अगले वर्ष 2014 में कॉम स्वर्ण पदक जीतने में सफल रहीं और उन्हें पहली बार विश्व चैम्पियन का ताज पहनाया गया। 2010 तक उन्होंने लगातार पाँच विश्व खिताब जीते। लंदन 2012 मुक्केबाजी में डेब्यू करने के वक्त उन्हें अपना वजन 46 किग्रा. से बढ़ाकर 51 किग्रा. वर्ग में ले जाना पड़ा। हालाँकि सेमीफाइनल तक पहुँचने के बाद भी इस ओलम्पिक में उन्हें निकोला एडमस से हार मिली, लेकिन कांस्य पदक जरूर उनके नाम हो गया। कॉम की यह सफलता इतिहास के पन्नों में हमेशा के लिए स्वर्णिम अक्षरों में दर्ज हो गई।

उन्होंने 2014 में एशियाई खेलों में 51 किग्रा. वर्ग में स्वर्ण पदक जीता और फिर 2018 में 48 किग्रा. वर्ग में नीचे आते हुए कॉमनवेल्थ गेम्स चैम्पियन बनीं। इसी साल उन्होंने महिला विश्व चैम्पियनशिप में छठा स्वर्ण पदक भी जीता। नई दिल्ली में आयरलैंड की केटी टेलर को शिकस्त देते हुए कॉम छह बार विश्व खिताब जीतनेवाली एकमात्र महिला बनीं। उन्हें 2003 में अर्जुन पुरस्कार, 2006 में पद्मश्री, 2009 में देश का सर्वोच्च खेल सम्मान राजीव गांधी खेल रत्न, 2013 में पद्म भूषण और 2020 में पद्म विभूषण जैसे सम्मान से सम्मानित किया गया।

102 साल की उम्र में मान कौर ने जीता मास्टर्स एथलेटिक्स में स्वर्ण

पटियाला की रहनेवाली मान कौर ने 102 वर्ष की उम्र में विश्व मास्टर्स एथलेटिक्स की 200 मीटर दौड़ प्रतियोगिता में स्वर्ण जीतकर देश के एथलेटिक इतिहास में अपना नाम स्वर्णिम अक्षरों में दर्ज कराया और देश का नाम ऊँचा किया।

1916 में जन्मीं मान कौर 102 साल की उम्र में स्पेन की मलागा में आयोजित मास्टर्स एथलेटिक्स चैम्पियनशिप की 200 मीटर रेस में 100 से 104 साल के आयुवर्ग में स्वर्ण पदक हासिल कर चुकी हैं। उनके इस हैरतंगेज कारनामे को विश्व के एथलेटिक समुदाय ने सलाम किया है। यह भारत के लिए सचमुच एक गौरवशाली क्षण था। 102 साल की उम्र में अपने हौसले को

इस तरह कायम रखना सभी के लिए मिसाल है। यह भी कम हैरतंगेज नहीं है कि मान कौर ने 93 साल की उम्र में दौड़ना शुरू किया और उन्हें दौड़ने के लिए उत्साहित करनेवाला कोई और नहीं उनका 79 वर्षीय बेटा गुरदेव सिंह था। इस उम्र में दौड़ना शुरू करने के बाद उन्होंने कभी पीछे मुड़कर नहीं देखा। और एथलेटिक प्रतियोगिता में एक से एक कारनामा करती चली गईं। उन्होंने न्यूजीलैंड के ऑकलैंड स्काई टॉवर पर 'स्काई वॉक' कर रिकॉर्ड बनाया। पाँच मीटर की दूरी तक भाला फेंका और स्वर्ण पदक जीता। इस प्रकार इन्होंने कुल 4 स्वर्ण पदक हासिल किये हैं। न्यूजीलैंड में जीता गया गोल्ड मेडल मान कौर के करियर का 17वाँ गोल्ड मेडल था। जब वह 94 साल की थीं, उन्होंने चंडीगढ़ में हुए नेशनल टूर्नामेंट में सौ-दो सौ मीटर दौड़ में गोल्ड मेडल जीता था। उन्होंने अमेरिका में सौ-दो सौ मीटर रेस में गोल्ड मेडल जीता था। इतना ही नहीं, उन्होंने इस दोनों रेस में वर्ल्ड रिकॉर्ड भी बना डाला। वर्ष 2001 में उन्हें एथलीट ऑफ द ईयर चुना गया था।

8 मार्च, 2020 को अन्तरराष्ट्रीय महिला दिवस के दिन इन्हें नारी शक्ति पुरस्कार से सम्मानित किया गया है।

राही सरनोबत ने तोड़ा 25 मीटर पिस्टल शूटिंग में रिकॉर्ड

29 वर्ष की आयु में राही सरनोबत को शूटिंग स्पर्धा के विश्व कप में स्वर्ण पदक जीतनेवाली पहली भारतीय महिला होने का गौरव प्राप्त है। यह क्षण स्वर्णिम अक्षरों में दर्ज है। इसके साथ ही इन्होंने एशियन खेलों में भी स्वर्ण जीतकर पहली भारतीय महिला होने का गौरव प्राप्त किया। 2018 में राही और थाइलैंड की नपासवान यांगपैबून दोनों का स्कोर समान 34 होने पर शूट ऑफ का सहारा लिया गया। इसके बाद दूसरा शूट ऑफ हुआ जिसमें भारतीय निशानेबाज जीत दर्ज करने में सफल रहीं। राही सरनोबत को भारत सरकार द्वारा 2015 में अर्जुन अवार्ड से सम्मानित किया गया।

स्वप्ना ने जीता हेप्टाथलॉन में स्वर्ण

स्वप्ना बर्मन को पहली ऐसी भारतीय महिला होने का गौरव प्राप्त है जिन्होंने एशियाई खेलों में हेप्टाथलॉन स्पर्धा में स्वर्ण पदक जीता। यह गौरव उन्होंने 2018 में अपने दाँत में भीषण दर्द होने के बावजूद प्राप्त किया और सभी दर्शकों का दिल जीत लिया।

एशियाई खेलों की स्वर्ण पदक विजेता और मौजूदा चैम्पियन स्वप्ना बर्मन को 2017 एशियाई एथलेटिक्स चैम्पियनशिप में महिला हेप्टाथलान में रजत पदक भी प्राप्त हुआ। 22 वर्षीय स्वप्ना ने सात स्पर्धाओं में कुल 5993 अंक बनाये और वह उज़्बेकिस्तान की एकटेरिना वोर्निना (6198 अंक) के बाद दूसरे स्थान पर रही। उनकी इस ऐतिहासिक जीत के लिए भारत सरकार ने उन्हें 2019 में अर्जुन पुरस्कार से सम्मानित किया।

अरपिंदर को ट्रिपल जम्प में स्वर्ण

2017 के कॉमनवेल्थ गेम्स में पुरुषों की ट्रिपल जम्प प्रतिस्पर्धा में अरपिंदर सिंह ने स्वर्ण पदक जीता है। अरपिंदर ने इस प्रतिस्पर्धा में 16.77 मीटर की लम्बी छलांग लगाकर स्वर्ण पदक पर कब्जा किया। ट्रिपल जम्प प्रतिस्पर्धा में भारत ने 48 साल बाद कोई स्वर्ण पदक जीता। इससे पहले साल 1970 में मोहिंदर सिंह ने एशियाई खेलों में ट्रिपल जम्प का स्वर्ण पदक जीता था। यह क्षण भारत के स्वर्णिम इतिहास में दर्ज है।

एशियन एथलेटिक्स चैम्पियनशिप 2018 में तेजिंदरपाल को स्वर्ण पदक

तेजिन्दरपाल सिंह तूर ने दोहा में आयोजित एशियन एथलेटिक्स चैम्पियनशिप में शॉटपुट (20.92 मीटर) में स्वर्ण पदक जीतकर अपना नाम इतिहास में दर्ज कराया और यह गौरवशाली क्षण भारत के स्वर्णिम पलों में से एक है। भारतीय एथलीट ने 20.22 मीटर के पहले दौर के थ्रो के साथ स्वर्ण पदक हासिल किया, जो उनका अब तक का सबसे अच्छा प्रदर्शन था। यह रिकॉर्ड एशिया का सर्वोच्च रैंक शॉटपुट है और उन्हें नेशनल रिकॉर्ड तोड़ने का भी गौरव प्राप्त है।

उन्होंने जकार्ता में आयोजित 18वें एशियन गेम्स में अपने पाँचवे प्रयास में 20.75 मीटर का थ्रो कर भारत के लिए इन एशियाई खेलों में गोल्ड मेडल जीता। तूर का यह प्रयास एशियन गेम्स में नया रिकॉर्ड था। तूर ने भारत देश के ही प्रकाश कराना द्वारा बनाया 6 वर्ष पुराना रिकॉर्ड तोड़ा। उनके इस शानदार प्रदर्शन के लिए भारत सरकार ने उनको अर्जुन पुरस्कार से सम्मानित किया है।

मरियप्पन थंगावेलु को ग्रीष्मकालीन पैरालम्पिक 2016 का स्वर्ण पदक

मरियप्पन थंगावेलु ने 2016 की ग्रीष्मकालीन पैरालम्पिक प्रतियोगिता, जिसका आयोजन रियो दी जेनेरियों में हुआ, में सबसे ऊँचा कूदकर स्वर्ण पदक प्राप्त किया और देश के पैरालम्पियन इतिहास में अपना नाम स्वर्णिम अक्षरों में दर्ज करवाया। इसी स्पर्धा में वरुण भाटी ने भी कांस्य पदक जीता और भारत के लिए यह दोहरी खुशी की बात थी यह पल भी ओलम्पिक में भाग लेनेवाले सभी प्रतिस्पर्धाओं के लिए हौसला बुलन्द करनेवाला था।

थंगावेलु ने 1.89 मीटर की जंप लगाते हुए स्वर्ण जीता, जबकि भाटी ने 1.86 मीटर की जंप लगाते हुए कांस्य अपने नाम किया। थंगावेलु पैरालम्पिक खेलों में मुरलीकांत पेटकर (स्विमिंग 1972 हेजवर्ग) और देवेंद्र झाझरिया

(भाला फेंक, एथेंस 2004) के बाद गोल्ड जीतनेवाले तीसरे भारतीय हैं। पैरालम्पिक्स की शुरुआत 1948 में हुई थी।

मरियप्पन थंगावेलु को उनके इस अदभुत प्रदर्शन के लिए वर्ष 2017 में पद्मश्री व अर्जुन पुरस्कार से सम्मानित किया गया और वर्ष 2020 में राजीव गांधी खेल रत्न अवार्ड से सम्मानित किया गया। वरुण भाटी को वर्ष 2016 में अर्जुन पुरस्कार से सम्मानित किया गया।

संदीप चौधरी को जेवलिन थ्रो में पहला स्वर्ण

संदीप चौधरी ने एशियाई पैरा खेलों की जेवलिन थ्रो प्रतियोगिता में (एफ42-44/61-64 वर्ग) में शीर्ष पर रहते हुए स्वर्ण पदक जीता और अपना नाम पैरा खेलों के स्वर्णिम इतिहास में दर्ज कराया। जकार्ता में आयोजित इस ऐशियन गेम्स में वो शीर्ष पर रहे। चौधरी ने अपने तीसरे प्रयास में सर्वश्रेष्ठ थ्रो 60.01 मीटर किया। उनके निकटतम प्रतिद्वन्द्वी श्रीलंका के चमिंडा संपत हेट्टी रहे जिन्होंने 59.32 मीटर का थ्रो किया।

संदीप चौधरी की दिव्यांगता एफ42-44/61-64 वर्ग में आती है, जिसका सम्बंध अंग की कमी, पैरों की लम्बाई में अन्तर, मांसपेशियों में असमानता या फिर असमान मूवमेंट से होता है। इस वर्ग के एथलीट्स को बिना नकली अंग के स्पर्धा में हिस्सा लेना होता है। संदीप चौधरी को अपने सर्वश्रेष्ठ प्रदर्शन के लिए 2020 में अर्जुन पुरस्कार से सम्मानित किया गया।

मिराबाइचानु को विश्व भारोत्तोलन का स्वर्ण

2017 में एथलेटिक्स की विश्व भारोत्तोलन प्रतियोगिता अनाहाइम, यूएसए में आयोजित हुई जिसमें मिराबाइचानु ने स्वर्ण पदक जीता। यह पल स्वर्णिम अक्षरों में दर्ज है। उन्होंने इससे पहले 2014 राष्ट्रमण्डल खेलों में 48 किग्रा. श्रेणी में रजत पदक जीता तथा गोल्ड कोस्ट में हुए 2018 संस्करण में विश्व कीर्तिमान के साथ स्वर्ण पदक जीता।

25 वर्षीय एथलीट मिराबाइचानु ने स्नैट कैटेगरी में वेट लिफ्टर में 88 किग्रा. और क्लीन एंड जर्क में 115 किग्रा. भार उठाया। यह एक राष्ट्रीय रिकॉर्ड है, तथा इसी रिकॉर्ड के साथ वह विश्व रैंकिंग में चौथे स्थान पर पहुँच गईं। 2020 में आयोजित सीनियर नेशनल वेटलिफ्टिंग चैम्पियनशिप में 49

किग्रा. में गोल्ड जीतकर उन्होंने 203 किग्रा. वजन उठाकर अपने द्वारा स्थापित नेशनल रिकॉर्ड को बेहतर किया।

मिराबाइचानु ने 2018 राष्ट्रमण्डल खेल स्नैच में 88 किग्रा. और क्लीन एंड जर्क में 115 किग्रा. भार उठाया और उनकी विश्व रैंकिंग चौथे स्थान पर रही। अपने इस सर्वश्रेष्ठ रिकॉर्ड के लिए उनको भारत सरकार द्वारा राजीव गांधी खेल रत्न और पद्मश्री अवार्ड से सम्मानित किया गया।

बजरंग पूनिया को एशियाई कुश्ती में स्वर्ण पदक

बजरंग पूनिया ने एशियाई खेल 2019 में दस अंक बनाकर एशियाई कुश्ती चैम्पियनशिप का स्वर्ण पदक अपने नाम किया। बजरंग ने पुरुषों के 65 किग्रा. फ्रीस्टाइल फाइनल में कजाखिस्तान के सयातबेक ओकासोव को 12-7 से हराकर यह कीर्तिमान स्थापित किया। यह जीत इतनी आसान नहीं थी क्योंकि एक समय ऐसा आया जब वह 2-7 से पीछे चल रहे थे और समय मात्र 60 सैकेंड बचा हुआ था। लेकिन पूनिया ने अपनी सर्वश्रेष्ठ तकनीकी क्षमता का प्रदर्शन करते हुए बाजी को पलट डाला और स्वर्ण जीता। इस बार उन्होंने तीन बार धारंदाज तकनीक (प्रतिद्वन्द्वी को पीछे से पकड़कर पटकना) और एक अन्य तकनीक से अंक बनाकर अपनी जीत सुनिश्चित की।

इस एशियाई चैम्पियनशिप में यह दूसरा स्वर्ण तथा कुल 5वाँ पदक था। बजरंग ने अपनी कुश्ती का गुण ओलम्पिक पदक विजेता पहलवान योगेश्वर दत्त के सान्निध्य में सीखा है। बजरंग ने फाइनल में जगह बनाने तक केवल एक अंक गँवाया था। उन्होंने सेमीफाइनल में उजबेकिस्तान के सिरोजिदिन खासानोव को 12-1 से हराया था। इससे पहले उन्होंने ईरान के पेमैन बियाबानी और श्रीलंका के चार्ल्स फर्न को शिकस्त दी थी।

देश के प्रति उनके इस कारनामे के लिए उनको राजीव गांधी खेल रत्न, अर्जुन पुरस्कार और पद्मश्री से भी नवाजा गया है।

दीपक पूनिया को विश्व जूनियर कुश्ती 2019 का स्वर्ण पदक

2019 में दीपक पूनिया ने 86 किग्रा. वर्ग के फाइनल में रूस के एलिक शेखुखोव को हराकर 18 साल में भारत का पहला जूनियर कुश्ती विश्व चैम्पियनशिप स्वर्ण पदक प्राप्त किया और यह पल भारत के कुश्ती इतिहास में स्वर्णिम अक्षरों में अंकित है। इसी जीत के साथ दीपक पूनिया ने अन्तरराष्ट्रीय कुश्ती महासंघ (यूडब्ल्यूडब्ल्यू) के ताजा रैंकिंग में 86 किग्रा. वर्ग में दुनिया के नम्बर एक पहलवान बनने का गौरव प्राप्त किया है।

20 वर्षीय दीपक पूनिया के 82 अंक हैं और वह विश्व चैम्पियन याजदानी से चार अंक आगे हैं। जिससे वो विश्व रैंकिग में अपना दबदबा कायम रखे हुए हैं। उन्होंने कुश्ती का गुण भारत के रेसलर वीरेन्द्र कुमार तथा मुरार गेडरो

(जो कि रूस के जाने-माने रेसलर हैं, जिन्हें 2008 बिजिंग ओलम्पिक सिल्वर मैडल प्राप्त हुआ था) से सीखे हैं।

दीपक पूनिया 2020 में कजाखिस्तान के नूर सुल्तान में हुए विश्व रेसलिंग चैम्पियनशिप के 86 किग्रा. भारवर्ग के फाइनल में पहुँचे। उनसे स्वर्ण जीतने की उम्मीद थी लेकिन चोटिल होने के कारण ईरानी पहलवान हसन याजदानी के खिलाफ फाइनल में नहीं उतर सके। उन्हें रजत पदक मिला। यह पल अपने आप में एक ऐतिहासिक पल है।

उनके इस कारनामे के लिए उनको राजीव गांधी खेल रत्न, अर्जुन पुरस्कार और पद्मश्री से भी नवाजा गया है।

सुनील छेत्री ने बनाई विश्व के शीर्ष 10 स्कोररों में अपनी जगह

सुनील छेत्री ने अपनी लगन और मेहनत से फुटबाल के खेल में अपना नाम एक टॉप स्कोरर के रूप में दर्ज कराया है। भारत में वे एकमात्र ऐसे खिलाड़ी हैं जिन्होंने अन्तरराष्ट्रीय गोल-स्कोररों में स्थान पाया है जो कि हर भारतीय के लिए गौरव की बात है। उनके द्वारा दागे गए सभी गोल फुटबॉल इतिहास के स्वर्णिम अक्षरों में दर्ज हैं। छेत्री अपने 72वें अन्तरराष्ट्रीय गोल के साथ इस लिस्ट में 10वें पायदान पहुँचे और यह स्थान उन्होंने विश्व के सर्वश्रेष्ठ खिलाड़ियों में शुमार मैस्सी को पीछे छोड़कर प्राप्त किया।

12 जून, 2005 के दिन सुनील छेत्री ने पाकिस्तान के खिलाफ मैच में अपने इंटरनेशनल फुटबॉल के सफर का आगाज किया था और 12 जून, 2020 को अन्तरराष्ट्रीय फुटबॉल में अपने 15 साल पूरे किये। सुनील आज के समय में भारतीय फुटबॉल के सबसे बड़े स्टार माने जाते हैं। सुनील छेत्री के खेल का अंदाजा इसी बात से लगाया जा सकता है कि वह पुर्तगाल के स्टार खिलाड़ी क्रिस्टियानो रोनाल्डो के बाद दुनिया के दूसरे सबसे ज्यादा गोल करनेवाले सक्रिय फुटबॉलर हैं। छेत्री के नाम 115 इंटरनेशनल मैचों में 72 गोल दर्ज हैं और वह भारत की ओर से सर्वाधिक मैच खेलनेवाले खिलाड़ी भी हैं। छेत्री भारत की ओर से सबसे लम्बे समय तक खेलनेवाले दूसरे फुटबॉलर हैं और जल्द ही वह इस मामले में शीर्ष पर काबिज बाइचुंग भूटिया को पीछे छोड़ देंगे जिन्होंने भारत के लिए 15 साल और 8 महीने फुटबॉल खेला था। रिकॉर्ड के तौर पर 6 बार AIFF प्लेयर ऑफ द ईयर का अवॉर्ड अपने नाम करनेवाले छेत्री क्लब फुटबॉल में भी अपना दबदबा तथा उम्दा प्रदर्शन जारी रखे हुए हैं। बेंगलुरु एफसी क्लब की ओर से लगातार 5 सालों तक खेल चुके हैं और क्लब को 2 बार आईलीग और 1 बार आईएसएल का खिताब दिलवा चुके हैं। साल 2016 में एशिया के प्रतिष्ठित टूर्नामेंट एएफसी कप के फाइनल में जगह बनाने में यह क्लब सफल रहा था। उनकी कप्तानी में भारत ने अपने प्रदर्शन को उम्दा कर 171वें पायदान से 96वें पायदान पर पहुँचने में कामयाबी हासिल की। यह 1996 के बाद दूसरी सर्वश्रेष्ठ फीफा रैंकिंग थी।

देश के प्रति उनके इस कारनामे के लिए उनको अर्जुन पुरस्कार और पद्मश्री से भी सम्मानित किया गया।

पॉज्नान एथलेटिक्स ग्रैंड प्रिक्स में हिमादास को स्वर्ण पदक

9 जनवरी, 2000 को जन्मीं असम के नागौन जिले के ढींग गाँव की हिमादास आज देश के उन नामचीन एथलीटों में से हैं जिन्हें शायद ही कोई ना जानता हो। 2019 में 'ढींग एक्सप्रेस' नाम से चर्चित हिमादास ने 200 मीटर दौड़ प्रतिस्पर्धा पॉज्नान एथलेटिक्स ग्रैंड प्रिक्स को 23.65 सेकेंड में जीतकर स्वर्ण पदक प्राप्त किया। उनकी यह जीत एथलेटिक इतिहास के स्वर्णिम अक्षरों में दर्ज है।

हिमा 12 जुलाई, 2018 फिनलैंड के ताम्पेर में वर्ल्ड अंडर-20 चैम्पियनशिप में 400 मीटर की रेस में 51.46 सेकेंड का समय लेकर रेस जीतीं और यह भारत के लिए नया इतिहास था। पहले 300 मीटर तक हिमा काफी पीछे चल

रही थीं। अंतिम सौ मीटर में उन्होंने सबको पीछे छोड़ दिया। फिर अगस्त महीने में 18वें एशियाई खेल, जिसका आयोजन इंडोनेशिया की राजधानी जकार्ता में हुआ था, में हिमा ने 400 मीटर की रेस 50.79 में पूरी की और उन्हें सिल्वर मेडल प्राप्त हुआ। हालाँकि, 4X400 की रिले रेस में उनकी टीम ने दो गोल्ड अपने नाम किए। 200 मीटर और 400 मीटर की स्पर्धा में उनसे लोग बड़ी उम्मीदें रखते हैं। हिमा के दौड़ने का तरीका आम एथलीटों से बिलकुल ही अलग है और यह तरीका उन्होंने शायद बपचन में अपने गाँव में ही सीखा हो। हिमा रेस के शुरू के हिस्से में धीमा स्टार्ट करती हैं, और आखिरी हिस्से में अपनी रफ्तार इतनी तेज करती हैं कि आगे निकले हुए प्रतिस्पर्धी को कब पीछे छोड़ देती हैं यह पता ही नहीं चलता। कई बार तो ऐसा होता है कि लोग उनसे जीतने की उम्मीद छोड़ देते हैं, लेकिन आखिरी चरण की रेस को वो जीतकर सभी को अचम्भे में डाल देती हैं।

उनका पूरा परिवार धान की खेती करता है और हिमा ने भी अपने जीवन का लम्बा हिस्सा बुआई (फसल रोपना) और निराई (फसल कटाई) करने में बिताया है। बपचन में हिमादास एक फुटबॉलर बनना चाहती थीं और इसके लिए वो स्कूल में लड़कों के साथ फुटबॉल खेलती थीं। उनकी फुर्ती से प्रभावित होकर स्कूल के एक शिक्षक ने उन्हें एथलीट बनने की सलाह दी जिसे हिमा ने स्वीकार किया और रेस को चुन लिया। उनकी इच्छा रेस का बेताज बादशाह बनने की थी। उनके हुनर को एथलेटिक के एक लोकल कम्पटिशन में कोच निपेनदास ने देखा और उसे स्टेट चैम्पियनशिप में हिस्सा लेने के लिए तैयार किया। यहाँ उन्हें कांस्य पदक प्राप्त हुआ। फिर जूनियर नेशनल चैम्पियनशिप में 100 मीटर की रेस में वह बिना किसी खास ट्रेनिंग के पहुँचीं, जो कि अपने आप में एक खास कारनामा था। अगले ओलम्पिक, जिसका आयोजन टोक्यो में होना है में सभी लोगों की निगाहें हिमादास के ऊपर टिकी होंगी। 25 सितम्बर, 2018 को हिमादास को अर्जुन अवार्ड से नवाजा गया।

सुशील कुमार को बीजिंग ओलम्पिक में कुश्ती का कांस्य

साल 2007 में सुशील कुमार ने विश्व चैम्पियनशिप में सातवाँ स्थान हासिल किया और बीजिंग में 2008 ओलम्पिक खेलों में कांस्य पदक जीता। उन्होंने 2012 के ग्रीष्मकालीन ओलम्पिक में रजत पदक जीता। इसके साथ ही स्वतंत्र भारत के लिए दो ओलम्पिक पदक जीतनेवाले पहले व्यक्ति बन गए। उनका नाम भारत के कुश्ती इतिहास में स्वर्णिम अक्षरों में अंकित है।

12 अगस्त, 2012 को लंदन ओलम्पिक के पुरुष 66 किलो फ्री स्टाइल कैटेगरी में सुशील कुमार को सिल्वर मेडल मिला। यहाँ उनका मुकाबला जापान के पहलवान तातसुहिरो योनेमित्सु से था। इससे पहले पेइचिंग ओलम्पिक में

सुशील कुमार को ब्रॉन्ज मेडल मिला था। इन दोनों मैडल के साथ सुशील कुमार भारत के चमकते सितारों में शुमार हैं।

सुशील कुमार का जन्म दिल्ली के नजफगढ़ इलाके का दापरोला गाँव में 26 मई 1983 को हुआ। उनको पहली इंटरनेशनल सफलता जूनियर लेवल पर 15 साल की उम्र में मिली जब उन्होंने 1998 में मैनचेस्टर में वर्ल्ड कैडेट गेम्स में गोल्ड मेडल जीता। पुनः उन्होंने पोलैंड में आयोजित वर्ल्ड कैडेट गेम्स में स्वर्ण पदक प्राप्त किया।

सुशील कुमार को कुश्ती एक विरासत के रूप में प्राप्त हुई है क्योंकि उनके दादा, पिता और बड़े भाई सभी कुश्ती करते थे। उन्होंने सातवीं क्लास से कुश्ती में भाग लेना शुरू कर दिया। सुशील कुमार को कोच के रूप में अर्जुन पुरस्कार से सम्मानित गुरु महाबली सतपाल मिले, जिन्होंने उनके कुश्ती के गुणों को खूब तराशा।

2006 में दोहा एशियाई खेलों में सुशील कुमार ने ब्रॉन्ज मेडल जीतकर अपनी जीत के सिलसिले को शुरू किया। फिर 2007 में सीनियर एशियाई चैम्पियनशिप में सिल्वर मेडल और कनाडा में आयोजित कॉमनवेल्थ कुश्ती प्रतियोगिता में गोल्ड मेडल हासिल किया। इससे आगे चलकर उन्होंने 2008 में कोरिया में आयोजित सीनियर एशियाई कुश्ती चैम्पियनशिप में ब्रॉन्ज मेडल जीता। भारत सरकार ने इस प्रदर्शन के लिए उन्हें 2009 में खेल के शिखर सम्मान राजीव गांधी खेल रत्न से सम्मानित किया।

नीरज चोपड़ा को 2018 में पुरुषों के एशियाई भाला फेंक में स्वर्ण पदक

नीरज चोपड़ा ने इंडोनेशिया में आयोजित 2018 एशियन खेल की जेवलिन थ्रो (भाला फेंक) प्रतियोगिता में एक नये राष्ट्रीय रिकॉर्ड को स्थापित करते हुए 88.06 मीटर भाला फेंक कर एक विश्वस्तरीय खिलाड़ी होने का प्रमाण दिया और उन्होंने भाला फेंक में अपने नाम को स्थापित किया। इस खेल में उन्होंने चीन के लिउ किजेन (जिन्होंने 82.22 मीटर दूर भाला फेंका था) को पछाड़ते हुए 88.06 मीटर दूर भाला फेंका। नीरज ने अपने पहले प्रयास में 83.46 मीटर भाला फेंका और तीसरे प्रयास में 88.06 मीटर भाला फेंककर गोल्ड मेडल पर कब्जा जमाया।

कॉमनवेल्थ गेम्स में उन्होंने पुरुषों के लिए आयोजित भाला फेंक प्रतियोगिता में स्वर्ण पदक जीता। गोल्ड कोस्ट

कॉमनवेल्थ गेम्स में उन्होंने 86.47 मीटर के साथ स्वर्ण पदक जीता। चोपड़ा का नाम 2016 में उस समय सुर्खियों में आया जब कि उन्होंने जूनियर वर्ल्ड रिकॉर्ड को तोड़ते हुए 86.48 मीटर भाला फेंककर स्वर्ण पदक जीता। यह कारनामा उन्होंने आईएएएफ विश्व अंडर-20 चैम्पियनशिप में कर दिखाया। इस ग्रुप में भारत के प्रथम विश्व चैम्पियन बननेवाले एथलीटों में उनका नाम शुमार है। यह पल देश के लिए गौरव का पल था। हरियाणा के पानीपत में जन्मे चोपड़ा 18वें एशियाई खेलों की ओपनिंग सेरिमनी में भारतीय ध्वजवाहक भी रहे। भारत सरकार ने सर्वश्रेष्ठ प्रदर्शन के लिए उन्हें 2018 में अर्जुन पुरस्कार सम्मान से सम्मानित किया।

मनिका बत्रा को कॉमनवेल्थ गेम्स में टेबल टेनिस का स्वर्ण

मनिका बत्रा ने कॉमनवेल्थ गेम्स 2018 में महिलाओं के टेबल टेनिस सिंगल्स में गोल्ड मेडल जीतकर भारत का नाम ऊँचा किया। यह क्षण देश के लिए गौरवान्वित करनेवाला था।

विश्व की 58वें नम्बर की खिलाड़ी मनिका बत्रा ने गोल्ड मेडल के लिए खेले गए फाइनल मुकाबले में 50वें नम्बर की खिलाड़ी सिंगापुर की यु मेंगयु को 4-0 से हराया। इसके पहले सेमीफाइनल में मनिका ने दुनिया की चौथे नम्बर की खिलाड़ी फेंग तियानवी को 4-3 से हराया।

फाइनल मैच में उन्होंने सिंगापुर की मेंगयू यू को सीधे सेटों में 11-7, 11-6, 11-2 और 11-7 से हराया, और गोल्ड मेडल अपने नाम किया। यह क्षण देशवासियों को लिए एक गौरव का पल था। इसी के साथ वह कॉमनवेल्थ गेम्स के महिला सिंगल्स में गोल्ड जीतनेवाली भारत की पहली महिला खिलाड़ी बन गईं।

मनिका ने भारत के मुकाबले श्रेष्ठ मानी जानेवाली सिंगापुर टीम पर 3-3 से जीत हासिल की। वहीं महिला डबल्स में मौमा दास के साथ मिलकर सिलवर मेडल भी जीत चुकी हैं।

आस्ट्रेलिया में आयोजित 2018 कॉमनवेल्थ गेम्स में मनिका बत्रा को गोल्ड मेडल मिलने पर भारत सरकार ने उनको राजीव गांधी खेल रत्न और अर्जुन पुरस्कार से सम्मानित किया।

दीपिका ने अपने नाम किया कॉमनवेल्थ गेम्स 2010 में तीरंदाजी का स्वर्ण

2010 के दिल्ली कॉमनवेल्थ गेम्स में, दीपिका ने दो स्वर्ण पदक जीते, एक व्यक्तिगत स्पर्धा में और दूसरा महिला टीम की रिकर्व स्पर्धा में। ये दोनों ही क्षण तीरंदाजी इतिहास के स्वर्णिम पल हैं। इसके लिए उन्हें 2010 सहारा स्पोर्ट्स अवार्ड समारोह में कॉमनवेल्थ गेम्स (महिला) पुरस्कार में उत्कृष्ट

प्रदर्शन के लिए सम्मानित किया गया। उन्होंने यह कारनामा इंग्लैंड की एलीसन वेलियमसन को हरा कर किया। उसके बाद नवम्बर 2010 में उन्होंने ग्वांग्झू में आयोजित एशियन गेम्स में कांस्य पदक जीता। इस्तांबुल 2011 और टोक्यो 2012 में एकल खेलों में रजत पदक जीता। उनके इन्हीं शानदार प्रदर्शनों के चलते उनकी प्रतिभा को अर्जुन अवार्ड और पद्मश्री जैसे प्रतिष्ठित पुरस्कारों से सम्मानित किया गया है।

मिशन ओलम्पिक 2010 के कॉमनवेल्थ गेम्स में दीपिका ने इंडिविजुअल और रिकर्व टीम प्रतिस्पर्धा में दो गोल्ड मेडल जीते थे। चीन के शहर शंघई में आयोजित तीरंदाजी वर्ल्ड कप 2012 में कोरिया की बो-बेई को हराकर दीपिका विश्व में पहले स्थान पर पहुँच गईं।

दीपिका का जन्म रांची से 15 किमी. दूर झारखंड के छोटे से गाँव रातू चाती में हुआ। यहाँ वो पत्थरों से आम तोड़ने बगीचे जाती थीं और यहीं से उन्हें निशाना लगाने का शौक लगा। दीपिका के पिता उन्हें प्रोत्साहित करते हुए 2005 में खरसावा के अर्जुन आर्चरी एकेडमी में अभ्यास के लिए ले जाया करते थे। बाद में जाकर उन्होंने टाटा आर्चरी एकेडमी में पूर्णिमा महतो के मार्गदर्शन में प्रशिक्षण पाया। वे रोज आठ घंटे का शारीरिक अभ्यास करती थीं और इसी के साथ मानसिक व्यायाम भी करती थीं। उनकी यह मेहनत रंग लाई और 2012 आते-आते विश्व की प्रथम स्थान पर पहुँचनेवाली महिला तीरंदाज बनीं।

2010 के एशियाई तीरंदाजी खेलों में तरुणदीप ने जीता रजत पदक

2010 में चीन के ग्वांगझू में आयोजित एशियाई खेलों में तरुणदीप राय तीरंदाजी में व्यक्तिगत पुरुष रजत पदक जीतनेवाले पहले भारतीय बने और यह पल भारतीय इतिहास में स्वर्णिम पल बन गया। 19 साल की उम्र में एशियन तीरंदाजी चैम्पियनशिप में अपने खेल जीवन की शुरुआत करनेवाले तरुणदीप राय लगातार अच्छा प्रदर्शन कर रहे हैं और कई इंटरनेशनल टूर्नामेंटों में देश का नाम रोशन किया है।

तरुणदीप ने अपना पहला गोल्ड मेडल साल 2004 में एशियन ग्रांड प्रिक्स बैंकॉक में जीता। इससे पहले वे एशियन तीरंदाजी चैम्पियनशिप में कांस्य पदक जीत चुके थे। 2004 में ही तरुणदीप ने वर्ल्ड तीरंदाजी चैम्पियनशिप में सिल्वर पदक जीता। जकार्ता में आयोजित एशियन तीरंदाजी ग्रांड प्रिक्स में उन्होंने कांस्य पदक जीता था।

सिक्किम से आनेवाले तरुणदीप भारतीय फुटबॉल टीम के पूर्व कप्तान बाइचुंग भूटिया के चचेरे भाई है। साल 2006 में दोहा में हुए एशियन गेम्स में तरुणदीप ने जयंत तालुकदार, मंगल सिंह और विश्वास के साथ मेंस रिकर्व टीम इवेंट में कांस्य पदक जीता।

केवल 21 साल की उम्र में भारत सरकार ने तरुणदीप को 2005 में अर्जुन अवॉर्ड और पद्मश्री सम्मान से सम्मानित किया।

वीरधवल खड़े को एशियाई तैराकी खेलों में कांस्य पदक

वीरधवल खड़े ने ग्वांग्झू में आयोजित 2010 एशियाई खेलों में 50 मीटर बटरफ्लाई वर्ग में कांस्य पदक जीता। यह 24 वर्षों में तैराकी में भारत का पहला एशियाई खेल पदक था। यह क्षण तैराकी इतिहास के स्वर्णिम अक्षरों में अंकित है। वीरधवल खड़े ने 50 मीटर बटरफ्लाई वर्ग के हीट में 24.56 सेकंड का समय निकालकर पहला स्थान हासिल किया। फाइनल में वो आठ तैराकों में पाँचवें स्थान पर रहे। खड़े का सर्वश्रेष्ठ व्यक्तिगत प्रदर्शन 24.25 सेकंड है, जो उन्होंने 2008 पुणे राष्ट्रमंडल युवा खेलों में किया था।

बॉस्केटबॉल खिलाड़ी के घर कोल्हापुर महाराष्ट्र में जन्मे वीरधवल खड़े को बचपन से ही तैराकी का जुनून था। राज्य स्तर और राष्ट्रीय स्तर पर कई प्रतियोगिताएँ जीतने के बाद उन्होंने साल 2008 में पुणे में हुए कॉमनवेल्थ यूथ गेम्स में 3 गोल्ड व 3 सिल्वर पदक जीते। वर्ष 2008 बीजिंग ओलम्पिक में खड़े ने क्वालिफाई कर लिया और तब उनकी उम्र मात्र 16 वर्ष थी। वीरधवल खड़े को साल 2011 में भारत सरकार ने अर्जुन अवार्ड से सम्मानित किया।

प्रसन्ता कर्मकार ने जीता राष्ट्रमंडल खेलों में पैरा-तैराकी का कांस्य पदक

पश्चिम बंगाल के कोलकाता शहर में जन्मे प्रसन्ता कर्मकार को भारत के पहले पैरा-तैराक होने का गौरव प्राप्त है। उन्होंने वर्ल्ड स्विमिंग चैम्पियनशिप जीती जिसका आयोजन अर्जेंटिना में हुआ था।

इसके बाद कर्मकार ने 1 दर्जन से ज्यादा विश्व स्तरीय प्रतियोगिताओं में मेडल प्राप्त किये। उन्हें भारत के सबसे प्रतिष्ठित पैरा तैराकों में गिना जाता है। उन्होंने 2009 के आईडब्ल्यूएएस खेलों में जिसका आयोजन बेंगलुरु में हुआ था, 4 स्वर्ण, 2 रजत और 1 कांस्य पदक, तैराकी की विभिन्न प्रतियोगिताओं में जीते।

2010 के दिल्ली कॉमनवेल्थ गेम्स में उन्हें कांस्य पदक मिला जो कि अपने आप में एक सुनहरा पल था, क्योंकि भारत ने इससे पहले आयोजित राष्ट्रमंडल खेलों में कभी भी तैराकी में कोई भी पदक प्राप्त नहीं किया था। 2010 में ही आयोजित एशियन पैरा-खेलों में, जिसका आयोजन चीन के ग्वांगझू शहर में हुआ, उन्होंने 50 मीटर फ्रीस्टाइल में रजत पदक प्राप्त किया। के एस-9 कैटेगरी की 50 मीटर बैक स्ट्रोक प्रतियोगिता में भी उन्हें कांस्य पदक मिला। उनके नाम 50 मीटर बटर फ्लाई 50 मीटर ब्रेस्ट स्ट्रोक में मेडल अंकित है। इसके अलावा उनके नाम 100 मीटर फ्री स्टाइल, 100 मीटर बैक स्ट्रोक तथा 100 मीटर एकल मेडल में राष्ट्रीय रिकॉर्ड है। प्रसन्नता कर्मकार को 2010 में भारत सरकार द्वारा उनके इन अद्भुत और गौरवान्वित करनेवाले पदकों के लिए अर्जुन पुरस्कार से सम्मानित किया गया।

कृष्णा पूनिया को कॉमनवेल्थ गेम्स में डिस्कस थ्रो का स्वर्ण पदक

कृष्णा पूनिया 2010 के राष्ट्रमंडल खेलों में स्वर्ण पदक जीतनेवाली पहली भारतीय महिला एथलीट थीं। पूनिया भारत की पहली महिला हैं जिन्होंने 61.5 मीटर की दूरी तय करके डिस्कस इवेंट के ऐतिहासिक क्लीन स्वीप का नेतृत्व किया। इन्होंने कॉमनवेल्थ गेम्स की ट्रैक और फील्ड स्पर्धाओं में स्वर्ण पदक जीता और ऐसा करनेवाली वो पहली महिला बनीं। इससे पहले यह कारनामा मिल्खा सिंह के नाम दर्ज था जिन्होंने 1958 कार्डिनल कॉमनवेल्थ गेम्स में पुरुषों की 400 मीटर की दौड़ में स्वर्ण पदक जीता था। 1958 के बाद भारत

को एथलेटिक में कोई पदक प्राप्त नहीं हुआ था परन्तु यह क्रम पूनिया ने सीधे स्वर्ण पदक से तोड़ा।

इसके बाद पूनिया ने 2018 कॉमनवेल्थ गेम्स में अपने ही रिकॉर्ड को तोड़ते हुए 64.76 मीटर की दूरी तक डिस्कस थ्रो कर राष्ट्रीय रिकॉर्ड कायम किया। पूनिया को डिस्कस थ्रोअर की कोचिंग किसी और से नहीं बल्कि अपने पति वीरेन्द्र पूनिया से ही मिली जो कि जाने-माने डिस्कस थ्रो करनेवाले रहे हैं। पूनिया को 2010 में अर्जुन अवॉर्ड और 2011 में पद्मश्री अवॉर्ड से सम्मानित किया गया।

दुबई ओपन जीतनेवाले गोल्फर अर्जुन अटवाल

अर्जुन अटवाल का जन्म 20 मार्च, 1978 में बंगाल के आसनसोल में हुआ लेकिन वो अब फ्लोरिडा में रहते हैं। उन्होंने अपने गोल्फ की शुरुआत रॉयल क्लब से की। खेलने का प्रोत्साहन उनको 14 वर्ष की आयु में ही अपने पिता से मिला। उनको उच्च शिक्षा के लिए अमेरिका भेज दिया गया था जहाँ उन्होंने 2 साल लिब्रल आर्ट की पढ़ाई की। अर्जुन अटवाल आज देश के जाने-माने गोल्फ़र हैं जिन पर देश नाज करता है। उन्होंने कई इंटरनेशनल खिताब जीते, जिसमें 1995 की डीसीएम ओपन (एशिया), 1997 की क्लासिक साउदर्ण, 1999 की विल्स इंडियन ओपन (एशिया), 2000 की हीरो होंडा मास्टर्स

(एशिया), 2000 की स्टार एलाइंस ओपन (एशिया), 2002 की काल्सबर्ग मलेशियन ओपन (यूरोप), 2003 की हीरो होंडा मास्टर्स (एशिया), 2003 की कालेस्ट सिंगापुर मास्टर (यूरोप), 2008 की मैबंक मलेशियन (यूरोप) और 2008 की दुबई ओपन (एशिया) जीत शामिल है। यह कारनामा गोल्फ के इतिहास में स्वर्णिम अक्षरों में अंकित हैं। गोल्फ खेल में प्रतिभा दिखाने पर भारत सरकार द्वारा 2007 में उन्हें अर्जुन अवार्ड से सम्मानित किया गया।

शिवा केशवन को एशियन लुगे, 2011 का स्वर्ण पदक

शिवा केशवन का जन्म हिमाचल प्रदेश के मनाली में 25 अगस्त, 1981 में हुआ था। छह बार के ओलंपियन और शीतकालीन लुगे ओलम्पिक खेलों में भाग लेनेवाले पहले भारतीय प्रतिनिधि होने का उन्हें गौरव प्राप्त है। उन्होंने 131.9 किमी./घंटा (82.0 मील प्रति घंटा) के पिछले रिकॉर्ड को तोड़कर 134.3 किमी./घंटा (83.5 मील प्रति घंटा) का एक नया एशियाई स्पीड रिकॉर्ड स्थापित किया और 2011 में जापान के नागानो में एशियाई लुगे कप में स्वर्ण पदक जीता। 2012 में, उन्होंने 49.59 सेकंड में एक नया एशियाई रिकॉर्ड बनाया। यह क्षण सचमुच लुगे खेल का स्वर्णिम क्षण है। 1995 में आयोजित जूनियर नेशनल स्कॉय चैम्पियनशिप को केशवन ने 14 साल की

उम्र में ही जीत लिया। 15 साल की उम्र में एक कैम्प में विश्व चैम्पियन गुंथेर लेमेरर ने उनकी प्रतिभा पहचानी। शिवा केशवन को ही सबसे कम उम्र के लुगे विंटर ओलम्पिक गेम में क्वालीफाई करने का गौरव हासिल है।

इंडियन ओलम्पिक एसोसिएशन पर प्रतिबंध के कारण 2014 में केशवन ने एक स्वतंत्र ओलम्पिक प्रतिभागी के रूप में सोची विंटर ओलम्पिक में भाग लिया। लेकिन खेल होते-होते भारत की वापसी हुई और उन्होंने भारत के झंडे के नीचे अपना खेल खेला।

2014 में शिवा केशवन भारत के ओलम्पिक एसोसिएशन के फाउंडर प्रेसिडेंट बने और वो तब से ही विंटर ओलम्पिक गेम को देश भर में फैलाने में लगे हुए हैं। उनको इस बेहतर प्रदर्शन के लिए भारत सरकार द्वारा 2020 में अर्जुन अवार्ड से सम्मानित किया गया। यह किसी भी विंटर स्पोर्ट्स एथलीट को दिया जानेवाला पहला अवार्ड है। उन्हें एशियन लुगे कप का गोल्ड 2011 तथा 2012, एशियन लुगे कप सिलवर मेडल 2009 और एशियन लुगे कप ब्रांज मेडल 2005 में जीतने का गौरव प्राप्त है। उनके नाम 1998 विंटर ओलम्पिक में सबसे युवा ओलम्पियन होने का रिकॉर्ड दर्ज है।

कट्टुलु रवि कुमार को राष्ट्रमंडल खेल, 2010 में भारोत्तोलन का स्वर्ण

कट्टुलु रवि कुमार का जन्म (24 अप्रैल 1988) ओडिशा में हुआ और वो भारत के एक नामचीन वेटलिफ्टर हैं। 2010 के राष्ट्रमंडल खेलों में उन्होंने पुरुषों की 69 किलोग्राम (152 पाउंड) वेटलिफ्टर श्रेणी में कुल 321 किग्रा. (708 पाउंड) का भार उठाकर स्वर्ण पदक जीता। यह प्रदर्शन भारत के स्वर्णिम इतिहास में दर्ज है। उन्होंने 2010 कॉमनवेल्थ गेम्स से ठीक तीन साल पहले वेटलिफ्टिंग में कदम रखा था और इतने कम समय में उन्होंने कई पदक जीते है।

रवि कुमार 2012 के समर ओलम्पिक में भारत की तरफ से खेले और 2014 के कॉमनवेल्थ गेम्स में रजत पदक जीता। उन्होंने वेटलिफ्टिंग की कोचिंग नारायण साहू से लेकर राज्य, राष्ट्रीय और अन्तरराष्ट्रीय स्तर पर कई पदक जीते हैं। कट्टुलु रवि कुमार को भारत सरकार द्वारा राजीव गांधी खेल रत्न अवार्ड से सम्मानित किया गया।

पारूपल्ली कश्यप को राष्ट्रमंडल खेल, 2014 में बैडमिंटन का स्वर्ण

पारूपल्ली कश्यप 2012 लंदन ओलम्पिक में बैडमिंटन पुरुष एकल के क्वार्टर फाइनल में पहुँचनेवाले पहले भारतीय पुरुष खिलाड़ी हैं। उन्होंने 2014 ग्लास्गो कॉमनवेल्थ गेम्स में, पुरुष एकल में स्वर्ण पदक जीता। 2010 कॉमनवेल्थ गेम्स में चेतन बुरादगुंटा को परास्त कर रजत पदक जीता। स्कॉटलैंड 2014 में आयोजित कॉमनवेल्थ गेम्स में प्रतिद्वन्द्वी देरेक रांग को हराकर स्वर्ण पदक जीतकर भारत का गौरव बढाया।

हैदराबाद के गुंटूर में जन्मे पारूपल्ली कश्यप ने 11 वर्ष की आयु में एम. आरिफ के संरक्षण में ट्रेनिंग प्रारम्भ की। कश्यप ने अपने शुरुआती कैरियर में आन्ध्रप्रदेश में आयोजित एकल राष्ट्रीय जूनियर ओपन बैडमिंटन प्रतियोगिता जीती। उसके बाद 2009 हाँगकाँग में आयोजित प्रतियोगिता में क्वार्टर फाइनल में पहुँचे। पारूपल्ली कश्यप को 2012 में अर्जुन अवॉर्ड से सम्मानित किया गया।

सतीश कुमार सिवलिंगम को राष्ट्रमंडल खेल, 2014 में भारोत्तोलन का स्वर्ण

सतीश कुमार का जन्म सातुवाचारि वैल्लोर तमिलनाडु में हुआ था। उनके पिता शिवालिंगम एक पूर्व सैनिक थे। उनकी स्कूली शिक्षा सातुवाचारि में ही हुई और वो इंडियन रेलवे में काम करते हैं। उन्होंने 179 किग्रा. के क्लीन एंड जर्क फ्लिटो में 328 किग्रा. उठाकर स्वर्ण पदक जीता। जबकि स्नैच कैटेगरी में उन्होंने 149 किग्रा. उठाकर खेल में एक नया कीर्तिमान रचा। फिर उन्होंने गोल्ड कोस्ट में आयोजित कॉमनवेल्थ गेम्स 2018 में 77 किग्रा. कैटेगरी में 317 किग्रा. भार उठाकर स्वर्ण पदक जीता। उन्होंने 144

किग्रा. का भार उठाकर स्नैच गेम में रिकार्ड स्थापित किया। 173 किग्रा. क्लीन एंड जर्क कैटेगरी में भी उन्होंने जीत हासिल की। यह देश के लिए एक स्वर्णिम पल था।

सतीश कुमार शिवलिंगम को भारत सरकार ने 2015 में अर्जुन अवार्ड से सम्मानित किया।

राष्ट्रमंडल खेल, 2014 में स्क्वॉश में स्वर्ण दीपिका और जोशना को

दीपिका पल्लीकल और जोशना चिनप्पा की भारतीय जोड़ी ने राष्ट्रमंडल खेलों के स्क्वॉश में स्वर्ण पदक पहली बार जीतकर इतिहास रच दिया। दीपिका और जोशना ने अपने ऐतिहासिक कारनामे से सुर्खियाँ बटोरीं क्योंकि उन्होंने महिला युगल वर्ग के फाइनल में इंग्लैंड की जेनी डनकॉफ और लौरा मस्सारो को 11-6, 11-8 से हराकर महिला युगल प्रतियोगिता जीत कर देश के लिए स्वर्णिम पल दे डाला।

ये दोनों ही अपने खेल में महान खिलाड़ी हैं। 22 वर्षीय पल्लीकल काफी समय से एक अच्छी और अनुभवी खिलाड़ी हैं। विश्व स्क्वॉश एकल रैंकिंग में शीर्ष 10वें पायदान पर पहुँचनेवाली वह पहली भारतीय महिला हैं। इनके साथ दूसरी ओर, 27 वर्षीय चिनप्पा को भी होनहार खिलाड़ी माना जाता है।

इन दोनों की जोड़ी ने 5वें पायदान पर रहते हुए विश्व की नम्बर 1 निकोल और लो वी वीर्न को परास्त किया।

दीपिका पल्लीकल को भारत सरकार द्वारा पद्मश्री और अर्जुन पुरस्कार से सम्मानित किया गया। जोशना चिनप्पा को अर्जुन पुरस्कार से सम्मानित किया गया है।

जिमनास्ट आशीष कुमार को राष्ट्रमंडल खेल, 2010 में रजत पदक

2010 के अक्टूबर माह में आयोजित कॉमलवेल्थ गेम्स में भारतीय जिमनास्ट आशीष कुमार ने उस समय इतिहास रच दिया जब उन्होंने इस प्रतियोगिता में रजत पदक जीता। इन खेलों में उन्होंने रजत और कांस्य पदक जीता जो कि हर भारतीय के लिए गौरव करनेवाला क्षण था। 25 वर्ष की उम्र में ही उनके नाम पर 20 अन्तरराष्ट्रीय पदक हैं। एशियाई खेलों में आशीष ने पुरुषों की कलात्मक जिमनास्टिक स्पर्धा के लोअर वर्ग में कांस्य पदक हासिल किया। आशीष एशियाई खेलों में पदक जीतनेवाले देश के पहले जिमनास्ट हैं। 19

वर्षीय आशीष ने अक्टूबर में नई दिल्ली में आयोजित राष्ट्रमंडल खेलों के दौरान देश के लिए पहली बार जिमनास्टिक में पदक जीतकर इतिहास रचा था। आशीष ने नई दिल्ली राष्ट्रमंडल खेलों में वॉल्ट में रजत और लोउर स्पर्धा में कांस्य हासिल किया था। आशीष ने कुल 14.92 अंकों के साथ तीसरा स्थान हासिल किया जबकि झांग ने 15.40 अंकों के साथ दूसरा स्थान हासिल किया। म्यून ने भी इतने ही अंक हासिल किए। आशीष के प्रदर्शन के लिए भारत सरकार ने उन्हें अर्जुन पुरस्कार से नवाजा है।

विकास गौड़ा ने जीता राष्ट्रमंडल खेल 2014 में स्वर्ण पदक

ग्लासगो में आयोजित 2014 राष्ट्रमंडल खेलों में विकास गौड़ा ने स्वर्ण पदक जीता। यह पल भारत के डिस्कस थ्रो और शॉटपुट के इतिहास में स्वर्णिम अक्षरों में अंकित है। हालाँकि राष्ट्रीय स्तर पर गौड़ा ने इससे भी बड़ा कारनामा तब किया जब उन्होंने 2012 में 66.28 मीटर दूर गोला फेंककर एक राष्ट्रीय रिकॉर्ड बनाया था।

5 जुलाई 1983 को मैसूर में जन्मे विकास गौड़ा जब सिर्फ छह साल के थे तब अमेरिका मेरीलैंड चले गए। शुरू में उन्हें शॉट पुट खेलने का शौक

था, लेकिन उनकी विशाल कद-काठी की वजह से उनके दोस्तों और खेल प्रसंशकों ने उन्हें डिस्कस थ्रो में खेलने के लिए प्रोत्साहित किया। इस निर्णय को उन्होंने सही साबित किया और अब पूरी दुनिया में अपने प्रशंसकों की जमात खड कर दी है।

उनके पिता शिव गौड़ा एक एथलेटिक कोच रहे हैं। लेकिन विकास ने एथलेटिक खेल में डिस्कस थ्रो चुना। विकास गौड़ा पहली बार 2002 में आईएएएफ वर्ल्ड जूनियर चैम्पियनशिप से चर्चा में आए और 2005 एशियाई चैम्पियनशिप में रजत पदक जीता। उनकी ट्रेनिंग तब काम आई जब वे 2006 में एनसीएए डिस्कस थ्रो चैम्पियन बने। यहाँ उन्होंने 64.69 मीटर की थ्रो के साथ भारतीय राष्ट्रीय रिकॉर्ड को चकनाचूर कर दिया। पढ़ने के शौकीन रहे विकास गौड़ा ने कभी भी खेल को पढ़ाई में बाधा के रूप में नहीं देखा। उन्होंने गणित में स्नातक किया और इसके साथ ही खेल से संन्यास लेने के बाद एमबीए कोर्स किया। यह उनके पढ़ने की लगन को भी दर्शाता है।

भारत सरकार ने उनके इन कारनामे के लिए उनको पद्मश्री अवार्ड से सम्मानित किया।

गगन नारंग को लंदन ओलम्पिक निशानेबाजी में कांस्य

गगन नारंग ऐसे पहले भारतीय शूटर हैं जिनका नाम लंदन ओलम्पिक में क्वालीफाई करनेवालों में शुमार है। इसके साथ ही उन्होंने 10 मीटर एयर राइफल केटेगरी में कांस्य पदक जीता।

नारंग ने क्वालीफाइंग राउंड में 598 अंक हासिल करते हुए तीसरा स्थान प्राप्त किया था। फाइनल में उन्होंने 103.1 अंक जुटाए और कुल 701.1 के

स्कोर के साथ कांस्य पदक जीता। फाइनल में नारंग ने 10 प्रयासों में क्रमशः 10.7, 9.7, 10.6, 10.7, 10.4, 10.6, 9.9, 10.3 और 10.7 स्कोर हासिल किया।

नारंग के सामने 47 निशानेबाज और थे जो इस प्रतियोगिता में हिस्सा ले रहे थे। इनमें वे तीसरे स्थान पर रहे। नारंग ने पहली सीरीज में 100, दूसरी में 100, तीसरी में 98, चौथी में 100, पाँचवीं में 100 और छठी सीरीज में भी 100 अंक हासिल किए।

उनके इस प्रदर्शन के लिए भारत सरकार द्वारा उनको 2010 में राजीव गांधी खेल रत्न व 2011 में अर्जुन पुरस्कार से सम्मानित किया गया।

●●●